公務員用
一般常識

はじめに

公務員採用試験において「教養試験」は必ず実施される試験である。国家公務員，地方公務員と採用試験はたくさんあるが，出題される科目，テーマはほぼ同じである。

「教養試験」は，公務員として職務を遂行していくうえで必要な知識および知能があるかどうかをみるための試験である。出題数は40題から50題，これを90分から120分で解く。出題分野は「知識分野」と「知能分野」に分けられ，「知識分野」は，社会，人文，自然といった中学・高校で学んだ科目が，「知能分野」は，数的推理，判断推理など考えて解く問題が出題される。

解答形式は，五肢択一式のマークシート方式で，記述式ではないので，ある程度の理解でも正答は得られる。やり方次第では短時間の対策で十分合格できる試験である。

本書は，公務員試験を目指す方が，どんな科目が出題され，どんなテーマが問われているかをコンパクトに学習できるよう作成したものである。過去問題を分析し，よく出題される項目を厳選した。ただし，本試験の問題をそのまま載せることはしていない。本試験の問題は文章量も多く，導入期には不適切だからである。一読して科目の出題テーマがわかるように五肢択一形式で問題を作成し，解説を必要最小限にしている。さらに，巻末には直前期まで利用できる「毎年必ず出る重要事項」を付け加えた。公務員試験でよく出題される項目を整理したもので，本試験まで利用できる便利な参考書となっている。

この一冊で公務員試験の教養試験の準備が短期間に効率よくできると思う。是非，本書を導入期から直前期まで携帯し，最大限に活用していただきたい。

上野法律セミナー
代表　潤田　雅之

CONTENTS

科目別常識問題

毎年必ず出る重要事項

科目別常識問題

社会科学

人文科学

自然科学

判断推理・数的推理

空間把握・資料解釈

文章理解

科目別常識問題

01 社会科学

政　治

天　皇

1 天皇の国事行為にはいらないものは，次のうちどれか。

①国会を召集すること。　②衆議院を解散すること。
③栄典を授与すること。　④憲法改正を発議すること。
⑤外国の大公使を接受すること。

天　皇

2 憲法第7条の天皇の国事行為に関して述べた次の項目のうち，誤っているものはどれか。

①衆議院を解散すること。
②憲法改正，法律，政令および条約を公布すること。
③国家予算の執行を認証すること。
④批准書および法律の定めるそのほかの外交文書を，認証すること。
⑤儀式を行うこと。

解答

1 …④　　**2** …③

1 日本国憲法では日本および日本国民統合の象徴とされ，国家的儀礼としての国事行為だけを行う。国政に関しては，なんら実質的な権限はもたない。

2 天皇の国事行為は憲法第7条に定められている。内閣の助言と承認によって，憲法の改正と公布，国会の召集そのほかを行うが，国家予算については関与しない。

天　皇

3 次の文章のうち，日本国憲法のもとで正しいものはどれか。

①天皇の皇位継承者は皇室会議によって決められるが，世襲である必要はない。
②内閣総理大臣は，国会の議決で指名されるが，国会議員の中から指名される必要はない。
③衆議院の解散は，国会の議決により，衆議院議長がこれを行う。
④国およびその機関は，宗教教育そのほかいかなる宗教的活動もしてはならない。
⑤裁判官は内閣の助言と承認にもとづいて天皇が罷免する場合を除いて，罷免されることはない。

憲　法

4 日本国憲法上において，次のうち正しいものはどれか。

①天皇は国家元首であり，統治権の総覧者である。
②内閣は天皇の輔弼機関であり，個々の国務大臣が国政の責任を負う。
③人権については法律による留保が可能である。
④地方自治に関する規定はない。
⑤天皇は日本国および日本国民統合の象徴とされる。

国　会

5 わが国の議会は衆議院および参議院による二院制をとっている。次のうち，参議院に対する衆議院の優越が認められていないものはどれか。

①法律案の議決　　②条約の承認
③憲法改正の発議　　④内閣総理大臣の指名
⑤予算案の審議と議決

解答

3 …④　　**4** …⑤　　**5** …③

3 裁判官の罷免は，衆参両院議員で構成する弾劾裁判によって行われる。天皇は直接関与しない。昭和22年に発足した制度。

4 旧憲法では天皇は主権者，内閣は輔弼機関とされていた。

5 法案，条約承認，内閣総理大臣指名，予算案は衆議院が参議院に優越する。

国　会

6 次の記述のうち正しいものはどれか。

①衆議院で可決，参議院で否決した法案は，衆議院で再度，出席議員の過半数で可決すれば成立する。
②内閣総理大臣は，国務大臣の半数までは国会議員以外から任命できる。
③最高裁判所の裁判官も，公の弾劾によらないかぎり罷免されることはない。
④臨時国会は，衆参どちらの議院でも総議員の4分の1以上の要求があれば召集できる。
⑤衆議院が解散されたときは，解散の日から50日以内に総選挙を行い，その選挙の日から20日以内に国会を召集しなければならない。

国　会

7 国会に関する次の記述のうち，正しいものはどれか。

①通常国会は4月から翌年10月まで開かれる。
②国会議員は現行犯を含めて逮捕されない。
③特別国会は内閣もしくはそれぞれの院の総議員の4分の1以上の要求で開催される。
④臨時国会は衆議院の解散中に参議院のみ緊急召集される。
⑤国会にある弾劾裁判所は裁判官に対する裁判を行う。

解答

6 …④　　**7** …⑤

6 国会が，通常国会および特別国会以外に，臨時緊急の必要がある場合に召集されることを臨時国会という。会期は衆参両院の一致の議決で決め，また延長できる。

7 通常国会は1月召集，150日間開かれる。臨時国会は，内閣かそれぞれの院の総議員の4分の1以上の要求によって開かれる。特別国会は衆議院解散後の総選挙の日から30日以内に実施される国会であり，内閣総理大臣の指名が最優先で行われる。緊急集会は衆議院の解散中に緊急事態に対処する必要があるときに参議院のみで開かれる。

国　会

8 日本における国会に関する次の記述のうち，正しいものはどれか。

①国の最高機関であり，司法と行政に優越する。
②本会議中心主義で運営されている。
③衆議院と参議院は常に対等である。
④唯一の立法機関である。
⑤衆議院，参議院ともに解散がある。

国　会

9 国会議員は免責特権（院外で責任が問われない）があるが，その対象とならないものは次のうちどれか。

①私語　②演説　③討論　④表決　⑤文書

国　会

10 憲法第41条で「国会は国権の最高機関である」といっているが，国会が国の最高機関であるというのは，次のうちどのような理由にもとづくか。

①天皇の承認を得なくとも，法律を制定することができるから。
②予算案を審議し国の財政の支出，収入総額を決定することができるから。
③内閣総理大臣と最高裁判所長官を指名することができるから。
④国民の承認を得なくとも，憲法改正の発議を行うことができる機関であるから。
⑤国民が選挙して選んだ議員によって構成されている機関であるから。

解答

8…④　**9**…①　**10**…⑤

8 日本国憲法制定後の国会では委員会中心主義が採られている。

9 両議院の議員は，議院で行った演説，討論または表決について，院外で責任を問われない（憲法第51条）。

10 憲法第41条に「国会は，国権の最高機関」と定められているが，国政全般を統括できるという意味ではない（政治的美称説）。

憲法改正

11 憲法の改正は，次のうちどの場合にできるか。

①天皇の意思によってできる。
②内閣の発案により議会の承認を得てできる。
③国会の議決だけでできる。
④国民投票によってできる。
⑤各議院の総議員の3分の2以上の賛成で，国会が発議して国民に提案し，その承認を経てできる。

内閣総理大臣

12 内閣総理大臣が国務大臣を罷免するのは，次のうちどれか。

①国会の承認を得て罷免する。
②最高裁判所の同意を要する。
③天皇によって罷免される。
④内閣総理大臣が任意に罷免できる。
⑤内閣の同意を要する。

内閣総理大臣

13 内閣総理大臣の権限として正しいものは，次のうちどれか。

①国務大臣の訴追への同意
②外交関係の処理
③政令の制定
④天皇の国事行為に対する助言と承認
⑤条約の締結

解答

11 …⑤　**12** …④　**13** …①

11 憲法の改正は衆参両議院の総議員の3分の2以上の賛成で国会がこれを発議し，国民に提案してその過半数の賛成を必要とする。このことは憲法第96条で定められている。

12 罷免権とは憲法第68条第2項により，内閣総理大臣が，ほかの国務大臣を任意にやめさせる権限。これにより内閣総理大臣の閣内における統治力は強化される。

13 内閣総理大臣の権限には国務大臣の訴追への同意，法律と政令への連署，国会への議案提出などがある。①以外は内閣の権限。

内　閣

14 内閣は，行政権の行使について，次のどの責任を負うか。

①国会に対し，各国務大臣が個別的に責任を負う。
②内閣総理大臣が代表し，国会に対して責任を負う。
③各国務大臣が天皇に対して，その担当事務につき責任を負う。
④内閣が連帯して国会に対し責任を負う。
⑤内閣が連帯して天皇に対し責任を負う。

内　閣

15 内閣の権能として正しいものは，次のうちどれか。

①国政調査権　②国務大臣の任免権
③弾劾裁判権　④違憲立法審査権
⑤予算編成権

内　閣

16 内閣が総辞職しなければならないのは，次のうちいずれの場合か。

①衆議院が信任の決議案を否決し，10日以内に衆議院が解散されない場合。
②参議院が不信任決議案を可決した場合。
③最高裁判所が，内閣の制定した政令を違憲と判断した場合。
④天皇に対する不敬行為が発生した場合。
⑤国民の弾劾があった場合。

解答

14 …④　**15** …⑤　**16** …①

14 国務大臣とは内閣を組織する者すべてをいう。その首長である内閣総理大臣は国会が指名し，そのほかの国務大臣は内閣総理大臣が任命，過半数は国会議員から選ばれる。

15 内閣は行政権，法律の執行と国務の総理，条約の締結，予算編成権などを有している。

16 内閣総理大臣に罷免はない。衆議院で内閣不信任案が可決されたり，信任案が否決された場合，内閣は総辞職する。

裁判・政治

17 次の文章のうち，正しいものはどれか。

①裁判に関する法律は国会の議決のほかに，最高裁判所の裁判官全員の同意が必要である。
②秘密裁判はいかなる場合も許されない。
③小選挙区制にくらべて，大選挙区制では選挙費用が節約できるという特徴がある。
④衆参両院が内閣不信任案を可決したときは，内閣は総辞職をしなければならない。
⑤下級裁判所には法律，命令，規則または処分が憲法に適合するかしないかを決定する一切の権限はない。

最高裁判所長官

18 最高裁判所の長たる裁判官の任命方法として，正しいものは次のうちどれか。

①国会の指名にもとづいて内閣総理大臣が任命する。
②内閣の指名にもとづいて天皇が任命する。
③国会の指名にもとづいて天皇が任命する。
④閣議の決定にもとづいて内閣総理大臣が任命する。
⑤最高裁判所判事の互選により定められた裁判官を内閣総理大臣が任命する。

解答

17 …②　　**18** …②

17 議員の定数が1選挙区1人という小さい単位の選挙区を小選挙区といい，これを選挙制度として全国的に採用した場合に，小選挙区制をとるという。

18 最高裁判所長官の任命は天皇の国事行為の一つで，内閣の助言と承認によって行うが，そのほかの最高裁判所の裁判官の任命は内閣が行う。

リコール

19 リコール制とは，次のうちどれをいうか。

①最高裁判所裁判官，地方公共団体の幹部を国民審査または有権者の連署で罷免する制度。
②議員などを弾劾する制度。
③地方官吏を監視する制度。
④公選された者に対し反対する制度。
⑤当選者に対しその当選の無効を主張する制度。

最高裁判所

20 最高裁判所の権限と認められないものは，次のうちどれか。

①下級裁判所裁判官の指名。
②弾劾裁判所を設ける。
③法律，命令が違憲であるか否かを決定する。
④司法行政事務を行う。
⑤法律の定めるところにより裁判権を行使する。

裁判所

21 日本における裁判に関する次の記述のうち，正しいものはどれか。

①特別裁判所として憲法裁判所が設置されている。
②海難審判など，行政機関による前審は認められていない。
③裁判官の人事権は法務大臣の管理下にある。
④裁判員制度は民事，刑事を問わずすべての裁判を対象としている。
⑤裁判員裁判が行われるのは地方裁判所のみである。

解答

19 …①　**20** …②　**21** …⑤

19 リコールとは国または地方公共団体の要職にあるものを，国民またはその地方の住民の意思によって罷免させる権利で，解職請求ともいう。

20 弾劾裁判とは裁判官が職務上の義務に著しく違反した場合に，衆参両院議員で構成される訴追委員会の訴追を受けて，罷免の裁判を行うもの。

21 行政による終審としての裁判は認められないが，前審を行うことは認められている。

権力分立

22 権力分立主義に関する記述として誤っているのは，次のうちどれか。

①国家権力から国民の自由を守るために考えられた自由主義的な統治組織原理である。
②アメリカ型の大統領制は，立法，行政の融合を示し完全な三権分立ではない。
③積極的に能率を増進させることを目的とした原理ではない。
④国家権力およびそれの掌握者に対する懐疑的または悲観的態度に基礎を置く。
⑤ロック，モンテスキューらによって唱導され近代の各国の政治組織に広く採用された。

三権分立

23 次の文章の（　　）内に，下の中から適当な組合せのものを選んで入れよ。

日本国憲法においては，三権分立が徹底して行われている。しかし，三権相互の関係は完全に独立のものとなっていない。とくに立法権と行政権の関係については，アメリカの場合と異なってイギリス式の（　A　）が取り入れられている。また，立法権と司法権の関係については，アメリカと同じく，法律が憲法に違反するか否かについて，最高裁が審査権を有しており，この点では（　B　）が優越している。

	A	B
①	三権分立	立法権
②	議院内閣制	司法権
③	大統領	行政権
④	大統領	司法権
⑤	議院内閣制	立法権

解答

22…②　　**23**…②

22 ロックはイギリスの哲学者，政治学者。基本的人権の思想を築くとともに，立法権と行政権の分離を主張，三権分立の政治理論や実践の上に大きな影響を与えた。

23 三権分立とは国家権力を立法，行政，司法の3つに分け，人民の政治的自由を保障しようとする原理。ロック，モンテスキューが18世紀に主張した。

人　権

24 基本的人権のうち，20世紀においてワイマール憲法成立後に確立した人権はどれか。

①参政権　　②社会権
③自由権　　④平等権
⑤請求権

人　権

25 次の人権のうち，外国人には認められないものはどれか。

①表現の自由　　②国政選挙における選挙権
③裁判を受ける権利　　④信教の自由
⑤財産権の保障

人　権

26 公務員の労働三権（団結権，団体交渉権，団体行動権）に関する次の記述のうち，妥当なのはどれか。

①公務員は職種を問わず，労働三権のすべてが認められている。
②警察・消防・海上保安庁の職員は労働三権のうち，団結権は認められるが，団体交渉権，団体行動権は認められない。
③非現業の一般の公務員は労働三権のうち，団結権，団体交渉権，団体行動権のいずれも認められない。
④現業の公務員は労働三権のうち，団結権，団体交渉権，団体行動権のいずれも認められている。
⑤刑務所，拘置所の職員は労働三権のいずれも認められない。

解答

24 …②　　**25** …②　　**26** …⑤

24 社会権はドイツのワイマール憲法（1919年）の成立以降，各国の憲法にも認められるようになった。

25 市町村では定住外国人に選挙権を与えることは禁じられていないが，国政選挙では認められない。

26 警察・消防・海上保安庁・自衛隊員・刑務所・拘置所の職員には三権のすべてが適用されない。非現業の一般の公務員は団結権のみ，現業の公務員は団結権，団体交渉権が認められる。

人　権

27 いわゆる「新しい人権」とされるものは次のうちのどれか。

①請求権　②プライバシー権
③自由権　④社会権
⑤選挙権

人　権

28 次の人権のうち，経済的自由権に該当するものはどれか。

①居住・移転の自由　②表現の自由
③思想・良心の自由　④奴隷的拘束・苦役からの自由
⑤信教の自由

経　済

国民所得

1 経済指標に関する次の記述のうち，正しいものはどれか。

①GDPは海外にある企業の生産した価値も含まれる。
②GNPは国内にある外国企業の生産した価値も含まれる。
③GNPから固定資本減耗を差し引いたものがGDPである。
④GNPから間接税と補助金を差し引いたものがGDPである。
⑤GDPは国内の総生産額から中間生産物を差し引いたものである。

解答

27 …②　**28** …①　**1** …⑤

27 新しい人権とは日本国憲法上に明文の規定はないが，社会の変化に伴い，認められるようになった人権のこと。プライバシー権，環境権などがある。

28 自由権は「精神的自由権（思想・良心の自由，表現の自由，信教の自由など）」「人身の自由（奴隷的拘束・苦役からの自由など）」「経済的自由権（居住・移転の自由など）」に分類される。

1 GNPはその国の国民が生み出した価値の総額である。よって海外からの国民の所得を含み，国内の外国人の所得は含まない。GDPはその国の域内で生み出された価値の総額である。よって海外からの国民の所得は含まず，国内の外国人の所得は含む。

日本経済

2 国際為替に関する次の記述のうち正しいものはどれか。

①円高になると輸出に有利になる。
②円安になると輸入に不利になる。
③1ドル＝100円が1ドル＝90円になることを円安という。
④1ドル＝100円が1ドル＝110円になることを円高という。
⑤為替相場を市場の需給バランスに任せることを固定相場制という。

経済理論

3 コングロマリットとは，次のどれをいうか。

①協同組合　②非営利企業
③複合企業　④多国籍企業
⑤宇宙産業

解答

2 …②　3 …③

2 円高＝輸出は不利，輸入は有利。円安＝輸出は有利，輸入は不利。
3 コングロマリットとは相互に関連のないさまざまな企業を買収・合併などして多角経営している複合企業。

経済理論

4 カルテルとは次のどれをいうか。

①同一業種内の企業が合併して新しい企業を組織すること。
②異なる産業部門の企業を親会社が株式保有により支配すること。
③同一産業内の企業が利潤を確保するために協定を結ぶこと。
④複数の産業・業種にまたがって企業を吸収・合併した複合企業のこと。
⑤複数の国に経営資産をもって世界的に活躍する企業のこと。

経済理論

5 需要曲線と供給曲線に関する次の記述のうち，正しいものはどれか。

①需要曲線は右上がりに描かれる。
②供給曲線は右下がりに描かれる。
③需要曲線と供給曲線の交点を管理価格という。
④消費者の所得が増大すると需要曲線は左へシフトする。
⑤供給者の生産性が上昇すると供給曲線は右へシフトする。

国際経済

6 次の選択肢のうち，「経済連携協定」に当たるものとして正しいものはどれか。

①ＦＴＡ　②ＥＰＡ
③ＲＣＥＰ　④ＷＴＯ
⑤ＧＡＴＴ

解答

4 …③　**5** …⑤　**6** …②

4 カルテル（企業連合）は独占禁止法によって禁止されている。①はトラスト（企業合同），②はコンツェルン（企業連携），④はコングロマリット，⑤は多国籍企業。

5 需要曲線は右下がり，供給曲線は右上がりに描かれ，両者の交点を均衡価格という。

6 ＥＰＡ（経済連携協定）は，関税をなくすだけでなく，投資の促進などさまざまな分野の協力も含めた協定である。

エンゲル係数

7 エンゲル係数について，正しいものは次のどれか。

①エンゲル係数は，総生計費のうちに占める食費の比率。
②エンゲル係数は，総収入のうちに占める生計費の比率。
③エンゲル係数は，所得が増大するにつれて高くなる。
④エンゲル係数は，ドイツの経済学者エンゲルスの研究によるものである。
⑤エンゲル係数を国際的に比較すると生活水準の高低がわかる。

金 融

8 日本銀行の業務として該当しないものは，次のうちどれか。

①政府の銀行　②銀行の銀行
③国債発行　④発券銀行
⑤公開市場操作

金 融

9 日本銀行の金融政策に関する次の記述のうち，正しいものはどれか。

①不況時には，日本銀行は売りオペレーションを行うことで通貨の流通量を増やすことができる。
②日本銀行による国債引き受けが禁じられているため，買いオペレーションでも，国債を買い入れることはできない。
③好況時には，金利を引き下げることで通貨の流通量を減らそうとする。
④日本銀行は，市中銀行に対して顧客への貸出量を直接規制することで，通貨の流通量を増減させることができる。
⑤好況時には，支払準備率を引き上げることで通貨の流通量を減らすことができる。

解答

7 …①　**8** …③　**9** …⑤

7 エンゲル係数とは生活費の中に占める食費の割合。一般にこの比率が高いほど生活が苦しいとされているが，数字からだけでは正確な比較はできない。

8 日本銀行の三大業務として「政府の銀行」「銀行の銀行」「発券銀行」がある。

9 日本銀行の三大金融政策として，市場を通じて有価証券を売買する公開市場操作，金融機関の貸出金利の調整，市中銀行の当座預金の割合を変更する支払準備率操作がある。好況時は売りオペレーション，金利上昇，支払準備率上昇の政策で通貨の流通量を減らす。

金　融

10 景気に関する次の記述のうち，正しいものはどれか。

①インフレーションとは，物価が継続して下がることである。

②デフレーションとは，物価が継続して上がることである。

③スタグフレーションとは，不況下で物価が継続して上がることである。

④クリーピング・インフレーションとは，短期間に物価が数十倍に高騰することである。

⑤ハイパー・インフレーションとは，年率1～4%で慢性的に継続するインフレーションである。

金　融

11 デノミネーションの説明として正しいものは，次のうちどれか。

①通貨の膨張　　②通貨の収縮

③公開市場操作　　④貨幣価値の切り下げ

⑤貨幣単位呼称の切り下げ

金　融

12 通貨制度に関する次の記述のうち，誤っているものはどれか。

①兌換紙幣とは金と交換できる紙幣である。

②不換紙幣とは金と交換できない紙幣である。

③管理通貨制度とは，中央銀行が不換紙幣の発行量を人為的に調整する制度である。

④金本位制度とは，中央銀行が保有する金の範囲内で兌換紙幣を発行する制度である。

⑤ブレトン＝ウッズ体制とは，変動相場制による体制のことである。

解答

10 …③　　**11** …⑤　　**12** …⑤

10 インフレーションとは，物価が継続して上昇することである。デフレーションとは，物価が継続して下落することである。

11 デノミネーションとは貨幣の呼称単位を切り下げること。たとえば1,000円を新1円とするような措置。

12 ブレトン＝ウッズ体制では，ドルを基軸通貨とする金ドル本位制が採用されている。

金　融

13 信用創造に関する次の記述のうち，正しいものはどれか。

信用創造とは，（　A　）が（　B　）を繰り返すことで，最初に預けられた現金の何倍にもなる（　C　）が生み出されることという。

	A	B	C
①	市中銀行	貸付	現金通貨
②	市中銀行	貸付	預金通貨
③	市中銀行	支払	預金通貨
④	中央銀行	貸付	現金通貨
⑤	中央銀行	支払	預金通貨

財　政

14 国の予算において，本予算が成立しない場合に組まれるものは，次のうちのどれか。

①特別会計予算　②暫定予算
③補正予算　④財政投融資
⑤政府関係機関予算

財　政

15 国債に関する次の記述のうち，正しいものはどれか。

①赤字国債は発行が原則認められている。
②建設国債は発行が原則認められていない。
③赤字国債は社会保障関係のみに使われる。
④建設国債は建設目的のみに使われる。
⑤国債は日本銀行の直接引受が認められている。

解答

13…②　**14**…②　**15**…④

13 信用創造とは，市中銀行が貸付を繰り返すことで，最初に預けられた現金が何倍もの預金通貨（金融機関の預金）になることをいう。

14 国の予算は，年度開始前に作成・成立する本予算，本予算が成立しない場合に組まれる暫定予算，本予算の内容を変更する補正予算などがある。

15 国債には赤字国債（特例国債）と建設国債がある。赤字国債は原則発行が認められないが，特例法の議決により例外的に発行される。その用途は限定されていない。建設国債は発行が認められている国債であり，その用途は建設目的のみ認められる。

財　政

16 直接税と間接税について，次のうち正しいものはどれか。

①担税者即納税者となるものが直接税，そうでないものが間接税。
②直接国庫へ納めるのが直接税，地方公共団体へ納めるのが間接税。
③源泉課税するのが直接税，申告課税するのが間接税。
④税徴収官吏が直接とりにくるのが直接税，こちらから納めに行くのが間接税。
⑤収入所得に対して課税されるのが直接税，物の所有権に対して課税されるのが間接税。

財　政

17 租税に関する次の記述のうち，正しいものはどれか。

①間接税は垂直的公平に優れている。
②直接税は水平的公平に優れている。
③消費税は間接税に分類される。
④所得税は間接税に分類される。
⑤たばこ税は直接税に分類される。

財　政

18 次の租税の組合せのうち，間接税に当たるのはどれか。

①所得税・相続税
②事業税・住民税
③法人税・資産再評価税
④関税・酒税
⑤登録免許税・不動産取得税

解答

16 …①　**17** …③　**18** …④

16 間接税とは法律上の納税義務者と実際の納税負担者とが一致せず，実際の負担がほかの者に転嫁される租税。酒税は間接税である。

17 税負担力の高低で税率を変えるものを垂直的公平，税負担力を問わず同じ税率にするものを水平的公平という。

18 法人税とは法人の所得に課せられる租税。法人のそれぞれの営業年度（ふつう1年か半年）の所得，積立金などの全額に課せられる。

国際政治

国際機構

1 次の組合せで，誤っているものはどれか。

①核拡散防止条約――NPT
②国際労働機関――ILO
③国際通貨基金――IMF
④大陸間弾道弾――ICBM
⑤戦略兵器削減条約――MRA

国際機構

2 次の国際機構と，その本部所在地の組合せで，誤っているものはどれか。

①国連教育科学文化機関（ユネスコ）――パリ
②東南アジア諸国連合（ASEAN）――ジャカルタ
③石油輸出国機構（OPEC）――テヘラン
④国際労働機関（ILO）――ジュネーブ
⑤欧州連合（EU）――ブリュッセル

国際機構

3 国際機関に関する次の記述のうち，正しいものはどれか。

①ＯＤＡとは非政府組織のことである。
②ＮＧＯとは政府開発援助のことである。
③ＷＴＯとは非営利組織のことである。
④ＡＰＥＣとはアジア太平洋経済協力会議のことである。
⑤ＮＰＯとは世界貿易機関のことである。

解答

1 …⑤　**2** …③　**3** …④

1 戦略兵器削減条約はSTART。

2 OPECとは石油輸出国機構の略称。1960年，イラン，イラク，サウジアラビアなどで結成した石油生産輸出国の協議会。本部はウィーン。ILOとは国際労働機関の略称。1919年ベルサイユ条約によりジュネーブに設立。国際労働立法の促進が目的。日本は1度脱退したがその後復帰し，現在は常任理事国。

3 ＯＤＡ＝政府開発援助，ＮＧＯ＝非政府組織，ＷＴＯ＝世界貿易機関，ＮＰＯ＝非営利組織。

国際機構

4 次の記述のうち「平和維持活動」の略称として正しいものはどれか。

①ＰＫＯ　②ＩＡＥＡ　③ＧＡＴＴ　④ＮＡＴＯ　⑤ＥＵ

国際機構

5 次の国際機構とその加盟国の組合せとして，正しいものはどれか。

①NATO――ノルウェー，スペイン，トルコ
②ASEAN――タイ，フィリピン，台湾
③USMCA――アメリカ，カナダ，ブラジル
④OAPEC――イラン，イラク，ベネズエラ
⑤IEA――アメリカ，中国，フランス

国　連

6 次の宣言・憲章・条約・法律などの一部のうち，国際連合憲章のものはどれか。

①戦争は人の心の中で生まれるのであるから，人の心の中に平和のとりでを築かねばならない。
②個人の基本的人権に重大な関係を有するものであるから，公共の安全の確保のために必要な最小限度においてのみ適用すべきものであって，いやしくもこれを拡張して解釈するようなことがあってはならない。
③国際紛争を国際間の平和と安全ならびに正義を危うくしないように平和的手段によって解決しなければならない。
④個人の諸種の基本的自由，労働権その他経済的・社会的・文化的な面における生存権的権利を保障しなければならない。
⑤国の交戦権はこれを認めない。

解答

4 …①　**5** …①　**6** …③

4 国際連合が紛争地域の平和維持を図るために行う活動をPKO(Peacekeeping Operations)という。

5 NATOとは，北大西洋条約機構の略称。北米および欧州の29か国が加盟する軍事同盟である。

6 国際連合憲章とは国際連合の組織と基本的活動の原則を定めている文書。国際協力による世界平和の達成を目的とし，前文以下19章111か条からなる。

国　連

7 国際連合に関する次の記述のうち，正しいものはどれか。

①ウィルソン大統領の提唱により設立された。
②安全保障理事会における非常任理事国には拒否権が認められている。
③全加盟国から構成される総会があり，そこでは全会一致により議決が行われる。
④制裁手段として武力制裁も認められている。
⑤安全保障理事会は８か国から構成されている。

国　連

8 次の各機関のうち，国際連合の機関ではないものはどれか。

①経済社会理事会
②国際司法裁判所
③世界貿易機関
④信託統治理事会
⑤世界保健機関

政治体制

9 アメリカの政治体制に関する次の記述のうち，正しいものはどれか。

①大統領は議会に法案を提出することができる。
②連邦議会は大統領に不信任決議をすることができる。
③大統領は最長で4期16年の任期が認められている。
④連邦憲法裁判所が設置されている。
⑤連邦議会には高級公務員の弾劾裁判権がある。

解答

7…④　**8**…③　**9**…⑤

7 安全保障理事会は常任理事国5か国（拒否権あり），非常任理事国10か国（拒否権なし）から構成される。

8 世界貿易機関（ＷＴＯ）は国際連合とは別個の条約によって設立された国際機関である。

9 アメリカでは大統領は議会に法案を提出できず（教書提出権は認められる），議会は大統領を不信任にはできない（弾劾裁判は可能）。

国際条約

10 水俣条約の内容について正しいものは，次のうちのどれか。

①絶滅のおそれのある野生動物の国際取引規制
②温室効果ガスの排出規制
③有害廃棄物の国境間移動・処分に関する規制
④子どもの国家間での不法な連れ去りの防止
⑤水銀の製造・輸出入に関する規制

国際機構

11 ＥＵ加盟国のうち，統一通貨ユーロに参加していない国は次のうちのどれか。

①スウェーデン　②フランス　③ドイツ
④イタリア　⑤ベルギー

社　会

労働基本権

1 次の文章の（　　）内に当てはまる言葉は，下のどの組合せか。

（　A　）とは労働者が労働組合をつくることができる権利であり，（　B　）とは労働組合の代表者が使用者に対して労働条件の維持改善，労働協約の締結などの要求をかかげて対等の立場で交渉することのできる権利である。

	A	B
①	労働権	罷業権
②	団結権	団体交渉権
③	団体交渉権	争議権
④	争議権	団結権
⑤	罷業権	労働権

解答

10…⑤　**11**…①　**1**…②

10 水俣条約は水銀の製造，輸出入を規制する目的で，2013年に熊本市にて署名された。

11 ユーロ未導入国は，スウェーデン，ブルガリア，ポーランドなどがある。

1 団結権とは労働者が労働組合を結成し，労働組合活動を行う権利のことで，労働基本権の一つ。憲法第28条でもこの権利を保障している。

労働組合

2 労働協約の内容の一種であるショップ制を，労働組合の立場からみて，会社に対して一般的に有利性が大きい順に並べたものは，次のうちどれか。

①オープン・ショップ　ユニオン・ショップ　クローズド・ショップ
②ユニオン・ショップ　オープン・ショップ　クローズド・ショップ
③クローズド・ショップ　ユニオン・ショップ　オープン・ショップ
④ユニオン・ショップ　クローズド・ショップ　オープン・ショップ
⑤クローズド・ショップ　オープン・ショップ　ユニオン・ショップ

厚生問題

3 次の記述のうち，誤っているものはどれか。

①合計特殊出生率とは，一人の女性が一生の間に生む子どもの数の平均値のことである。
②総人口に占める65歳以上人口の割合が21％を超えた社会を，高齢化社会という。
③国民年金は20歳以上60歳未満のすべての国民が加入し，原則として65歳から年金が支給される。
④核家族世帯とは「夫婦のみの世帯」，「夫婦と子どもからなる世帯」，「一人の親と子どもからなる世帯」のことである。
⑤バリアフリーとは，障害者や高齢者にとって生活上の障害をなくしていくことである。

解答

2 …③　**3** …②

2 ユニオン・ショップとは労働者の雇用について組合員であるなしを問わないが，採用後は組合に加入し，もし組合を除名された場合は解雇しなければならないというもの。

3 総人口に占める65歳以上人口の割合が，7％超で高齢化社会，14％超で高齢社会，21％超で超高齢社会とよばれる。

科目別常識問題

02 人文科学

日本史

律令体制の成立

1 次の人物の中で，大宝律令を編纂したのはだれか。

①聖徳太子　②小野妹子　③中大兄皇子
④刑部親王　⑤文武天皇

奈良時代・平安時代

2 次の出来事を年代順に並べたのはどれか。

A　蔵人頭の設置　B　摂関政治　C　三世一身法
D　墾田永年私財法　E　院政時代

①D→C→A→B→E
②A→E→D→C→B
③C→A→E→B→D
④B→D→E→C→A
⑤C→D→A→B→E

鎌倉時代

3 次の記述のうち，鎌倉時代のものとして誤っているものはどれか。

①守護・地頭を設置した。
②京都守護に代わり，六波羅探題を設置した。
③元（モンゴル軍）が，2回にわたり日本を攻撃した。
④御成敗式目が制定された。
⑤管領・四職を設置した。

解答

1 …④　**2** …⑤　**3** …⑤

1 大宝律令（701年）は，文武天皇の命により，刑部親王，藤原不比等らが編纂した。

2 三世一身法（723年），墾田永年私財法（743年），蔵人頭（810年），摂関政治（10～11世紀），院政時代（1068～1221年）となる。

3 管領（斯波・細川・畠山）が政務を統轄し，四職（赤松・一色・山名・京極）が侍所の長官となったのは室町時代。

室町幕府

4 次の記述のうち，室町幕府のものとして誤っているものはどれか。

①執権政治が行われた。
②建武式目を制定した。
③応仁の乱が勃発した。
④足利尊氏が初代将軍になった。
⑤守護の権限が強く，不安定な政権だった。

宗　教

5 「日本は神国だから，キリシタン国よりの邪法を信仰するのはまかりならぬ。」
この言葉と関係のある人物はだれか。

①足利尊氏　②後鳥羽上皇
③徳川家康　④織田信長
⑤豊臣秀吉

幕藩体制

6 幕藩体制に関する次の記述のうち，誤っているものはどれか。

①徳川秀忠が，禁教令を発した。
②外様大名は，江戸の近くに配置した。
③寺社奉行は，三奉行中最も格式が高い。
④徳川家光が，参勤交代を制度化した。
⑤禁中並公家諸法度を発し，天皇や公家を政治から遠ざけた。

解答

4 …①　**5** …⑤　**6** …②

4 執権政治とは，鎌倉時代に北条氏が実権を握った体制のことをいう。

5 豊臣秀吉は，バテレン追放令を発し，宣教師の国外退去を命じた。

6 外様大名は，幕府から警戒されていたため，九州など江戸や大坂から離れた場所に配置された。

江戸の五大改革

7 江戸の五大改革に関して，田沼時代の統治の特徴として，正しいものは次のうちどれか。

①儒学のうち朱子学を官学とし，その他の学派を異学として統制した。
②上米の制を行い，参勤交代の期間を短縮した。
③人返しの法を公布し，農民の出稼ぎを禁じた。
④株仲間を積極的に公認し，独占的営業を許した。
⑤長崎新令を発し，オランダや清との貿易を制限した。

江戸儒学

8 次のうち，上下定分の理を唱えたのはだれか。

①伊藤仁斎　②荻生徂徠
③石田梅岩　④林羅山
⑤中江藤樹

幕　末

9 次の出来事を年代順に並べたのはどれか。

A　薩長連合　B　八月十八日の政変
C　禁門の変　D　桜田門外の変　E　大政奉還

①D→B→C→A→E
②E→D→C→B→A
③A→C→B→D→E
④A→D→B→C→E
⑤B→C→A→D→E

解答

7…④　**8**…④　**9**…①

7 徳川家治の老中となった田沼意次は，商業資本を積極利用する反面，賄賂政治で不評を買った。

8 林羅山は，著書『三徳抄』の中で，封建社会における身分秩序を正当化した。

9 桜田門外の変（1860年），八月十八日の政変（63年），禁門の変（64年），薩長連合（66年），大政奉還（67年）となる。

明治初期の政策

10 明治維新において，封建制が完全に払拭されなかった理由として，最も正しいと思われるものは次のうちどれか。

①外国資本を積極的に歓迎したために，国家経済の自主性を失ってしまったため。
②国内の資本や産業の発展が未成熟で，市民階級が十分に成長していなかったため。
③武家政治を打倒しても，摂関中心の公家政治を温存したため。
④廃藩置県が不徹底で，旧領主の勢力が残ったため。
⑤領主たちの土地財産に対する処置がゆるやかすぎたため。

自由民権運動

11 西南戦争は自由民権運動の展開に，どのような影響を与えたか。次のうちから選べ。

①不平士族らは，反政府的武力抗争の無益を悟り，もっぱら言論による民権運動を展開するようになった。
②不平士族の中には，穏健な主張をもつ人たちもいたので，その人たちは国政に参与し，ひそかに自由民権運動を行った。
③不平士族らは，下野した高官を中心に結集し，政府に反抗的気勢を高め自由民権運動を妨害した。
④不平士族らは，イギリスやフランスの西洋思想の流れをくむ自由民権運動は結局は日本人を堕落させるものだとして最後まで抵抗した。
⑤不平士族らは，封建時代の特権が失われたことに深い不満を抱き，新政府の施策に対してはことごとく反対した。

解答

10 …②　　**11** …①

10 封建的身分制度の撤廃は，版籍奉還により主従関係が解消されたことに由来する。

11 西南戦争は，西郷隆盛らが起こした不平士族の最大の反乱である。自由民権運動は，板垣退助らが政府に対して，国会開設を要求した運動である。

条約改正交渉

12 次のうち，関税自主権の完全回復に成功したのはだれか。

①陸奥宗光　②井上馨
③大隈重信　④岩倉具視
⑤小村寿太郎

近代国家の成立

13 日清・日露戦争に関する記述のうち，誤っているものはどれか。

①下関条約は，伊藤博文・陸奥宗光と李鴻章の間で締結された。
②日本は，ポーツマス条約で巨額の賠償金を得た。
③日清戦争後，三国干渉が起こった。
④日本は，ロシアの南下政策に対抗して日英同盟を締結した。
⑤日露戦争後，日比谷焼打ち事件が起こった。

第一次世界大戦

14 第一次世界大戦に関する次の記述のうち，正しいものはどれか。

①日本は，日米同盟を理由に参戦した。
②シーメンス事件後，桂内閣は総辞職した。
③加藤外相は，二十一カ条の要求を中国政府に突きつけた。
④第一次世界大戦後，米騒動が起き，原内閣が総辞職した。
⑤西園寺内閣の際，軍部大臣現役武官制を改正した。

解答

12 …⑤　**13** …②　**14** …③

12 陸奥宗光は領事裁判権の撤廃に成功した。

13 日本は，ポーツマス条約で賠償金が得られず，国民の不満が高まり，日比谷焼打ち事件が起こった。

14 第2次大隈内閣（加藤外相）が，中国における利権拡大のため袁世凱政府に要求を突きつけ，反発を買った。

護憲運動

15 次の出来事を年代順に並べたのはどれか。

A　普通選挙法と治安維持法の制定
B　清浦内閣の崩壊　　C　第3次桂内閣の崩壊
D　護憲三派の登場　　E「閥族打破・憲政擁護」のスローガン
①A→B→C→D→E
②E→B→C→D→A
③A→D→C→B→E
④C→D→E→B→A
⑤E→C→D→B→A

軍部の台頭

16 次の出来事を年代順に並べたのはどれか。

A　日独伊三国軍事同盟　　B　五・一五事件
C　国家総動員法　　D　太平洋戦争の突入
E　国際連盟の脱退
①D→A→B→E→C
②B→E→C→A→D
③D→A→E→C→B
④A→E→B→D→C
⑤C→B→E→A→D

GHQの占領政策

17 次のGHQの政策のうち，誤っているものはどれか。

①財閥を解体した。　　②労働三法を制定した。
③学制にもとづき，義務教育を9年制にした。
④農地改革を行った。　　⑤婦人の解放を行った。

解答

15…⑤　　16…②　　17…③

15「閥族打破・憲政擁護」(1912年)，第3次桂内閣の崩壊(13年)，護憲三派(24年)，清浦内閣の崩壊(24年6月)，普通選挙法と治安維持法(25年)となる。

16 五・一五事件(1932年)，国際連盟の脱退(33年)，国家総動員法(38年)，日独伊三国軍事同盟(40年)，太平洋戦争の突入(41年)となる。

17 学制は明治期に公布されたものである。義務教育9年制は教育基本法により規定された。

戦後の日本

18 次の組合せで正しいものはどれか。

①日ソ共同宣言――田中角栄
②サンフランシスコ平和条約――佐藤栄作
③日中共同声明――鳩山一郎
④非核三原則――吉田茂
⑤安保闘争――岸信介

中近世の文化

19 中近世の文化に関する次の記述のうち，正しいものはどれか。

①北山文化は，足利義政の時代が中心である。
②桃山文化は，南蛮文化の影響を受けている。
③化政文化は，上方豪商や武士を担い手とした。
④東山文化は，足利義満の時代が中心である。
⑤元禄文化は，下層の一般町人が担い手となった。

対外交渉史

20 次の出来事を年代順に並べたのはどれか。

A 遣隋使（小野妹子）の派遣　B 天竜寺船の派遣
C 鎖国の完成　D 日明貿易　E 日宋貿易

①D→A→B→E→C
②B→E→C→A→D
③D→A→E→C→B
④A→E→B→D→C
⑤C→B→E→A→D

解答

18…⑤　**19**…②　**20**…④

18 日米新安全保障条約を批准するにあたって，自民党が強行採決をしたため，反対運動が激化した。これにより岸内閣は退陣した。

19 桃山文化は，織豊政権期に新興武家と豪商の財力を土台とした豪華・壮大な文化である。

20 遣隋使の派遣（607年），日宋貿易（10世紀後半～13世紀），天竜寺船の派遣（1341年），日明貿易（1401年），鎖国の完成（1641年）となる。

世界史

四大文明

1 次の組合せで誤っているものはどれか。

①仰韶文化――黄河文明
②ピラミッド，ヒエログリフ――エジプト文明
③ハラッパー――インダス文明
④太陰暦，ナイル川――エジプト文明
⑤ハンムラビ法典――メソポタミア文明

古代ギリシア・ローマ

2 次の記述のうち，誤っているものはどれか。

①コンスタンティヌスは，ミラノの勅令を発した。
②アテネとスパルタが対立し，ペロポネソス戦争が起こった。
③アレクサンドロス3世は，東方遠征を行った。
④五賢帝とは，ネルヴァからマルクス＝アウレリウス＝アントニヌスにいたる，5人の皇帝である。
⑤アントニウスは，尊厳者の称号を与えられた。

中世ヨーロッパ

3 次の記述のうち，正しいものはどれか。

①オスマン帝国は，ビザンツ帝国に滅ぼされた。
②十字軍遠征の失敗は，教皇権を衰退させた。
③神聖ローマ帝国は，カール大帝の戴冠で成立した。
④百年戦争は，ドイツとフランスの争いである。
⑤フランク王国は，オットー1世の時代に最盛期となった。

解答

1…④　**2**…⑤　**3**…②

1 太陰暦はメソポタミア文明で使用された。エジプト文明では太陽暦が使用された。
2 アウグストゥス（尊厳者）の称号を与えられたのは，オクタヴィアヌスである。
3 十字軍は，イスラームの支配から聖地イェルサレムを奪回するため結成された西欧キリスト教勢力による軍事遠征である。

ルネサンス

4 ルネサンスが西洋史上に占める地位は，次のうちどれか。

①キリスト教を中心として精神文化が支配した。
②宗教改革の結果，カトリック教会が精神界を支配した。
③手工業体制から機械工業体制への変革によって，産業資本主義が確立された。
④中世の精神的，社会的束縛から人間を解放し，新たな人間性をつくり出した。
⑤従来の絶対主義制度を改め労働者・農民を中心とする新しい支配体制を確立した。

大航海時代

5 次の出来事を年代順に並べたものはどれか。

A ガマのインド航路発見
B マゼラン一行の世界周航
C ヴェスプッチの南米探検
D コロンブスが西インド諸島に到達
E ディアスが喜望峰に到達

①E→D→A→C→B
②D→C→E→B→A
③C→D→E→A→B
④B→D→A→E→C
⑤E→A→B→C→D

解答

4 …④　**5** …①

4 ルネサンスは，14世紀にイタリアで始まり，15世紀以降西ヨーロッパ諸国に広まった，芸術・思想上の新しい動きである。

5 ディアス（1488年），コロンブス（1492年），ガマ（1498年），ヴェスプッチ（1499～1502年），マゼラン一行（1519～22年）となる。

宗教改革

6 宗教改革においてルターが唱えたことは，次のうちどれか。

①法王と宗教会議の権威は全面的に否定されるべきものであり，聖書こそ唯一のキリスト教の権威である。
②体験によってのみキリストの神聖が理解され得るがゆえに，労働は神聖であり，また倹約は義務である。
③唯一の実在者は神であり，神を敬い，隣人は相互扶助の観念によって共同生活を営むことにより，信仰を強固にすることができる。
④カトリック教会は，精神界を支配すべきものたるのみならず，世界的な権力をも掌握すべきものである。
⑤自らの手による宗教的闘争の中にのみ，自らの宗教的安寧，神による救いは得られる。

絶対王政

7 16世紀から17世紀にかけてのヨーロッパは絶対主義が確立されつつあった時代で，数多くの重要な変革がみられたが，次の事項のうち，この時期に起こったものはどれか。

①奴隷解放運動が起こった。
②法王庁の権力が増した。
③王権が強大となった。
④貴族階級が勃興した。
⑤荘園制度が確立した。

解答

6 …①　　**7** …③

6 宗教改革は，ローマ教会（カトリック）への批判・改革運動である。ルターは免罪符を批判し，「九十五カ条の論題」を提示した。

7 絶対王政は，王権神授説（国王の権力は神から授かったもの）を背景に，16～18世紀のヨーロッパで展開された政治体制である。

市民革命

8 次の文中の（　　）内にはいる適当な語はどれか。

（　　）の結果，それまでの主潮であった絶対主義体制およびイギリスの議会的貴族政治に決定的打撃を与え，独立宣言にもとづいて人民主権の原理を確立し，世界におけるデモクラシーへの途を開いた。

①産業革命　②アメリカ独立革命　③ロシア革命
④名誉革命　⑤フランス革命

人権宣言

9 人権宣言とは，次のうちどれに当たるか。

①1215年のマグナ・カルタの中で述べられた宣言である。
②1948年，第3回の国連総会で決議された宣言である。
③1789年のフランス革命に際し，国民議会により決議された宣言である。
④1776年のアメリカの独立宣言のことである。
⑤1946年の日本国憲法の前文のことである。

ウィーン体制

10 ウィーン体制に関する次の記述のうち，誤っているものはどれか。

①フランス外相タレーランは，正統主義を唱えた。
②ウィーン会議には，オスマン帝国を除く全ヨーロッパ諸国が参加した。
③神聖同盟は，イギリス，オスマン帝国，ローマ教皇を除く全ヨーロッパ諸国が参加した。
④各国の協力もあり，ウィーン会議はスムーズに進行した。
⑤ウィーン会議の議長は，オーストリア外相メッテルニヒであった。

解答

8 …②　**9** …③　**10** …④

8 アメリカ独立革命は，市民層が封建制を打ち破り，自由・平等を掲げたものとして知られている。フランス革命などに大きな影響を与えた。

9 人権宣言（人間および市民の権利宣言）は，国民主権や私有財産の不可侵などを規定した。

10 ウィーン会議は，舞踏会や宴会は多かったが，審議がいっこうに進まなかった。

ロシア革命

11 次の出来事を年代順に並べたものはどれか。

A　対ソ干渉戦争　　B　十一月革命　　C　血の日曜日事件
D　日露戦争　　E　ニコライ２世退位

①E→D→A→C→B
②D→C→E→B→A
③C→D→E→A→B
④B→D→A→E→C
⑤E→A→B→C→D

第一次世界大戦

12 第一次世界大戦前における各列強国間の同盟および協商について次のうち正しいものはどれか。

①三国協商――イギリス，フランス，ドイツの3国間で結ばれた。
②三国同盟――日本，フランス，イタリアの間で結ばれた軍事同盟。
③日英同盟――ドイツの進出に脅かされた日本，イギリスの両国が，東アジアにおける権益を守るために結んだ。
④英仏協商――ドイツのアフリカ進出に対抗するために結ばれた。
⑤英露協商――イタリアの中近東進出の脅威に対して結ばれた。

国際連盟・国際連合

13 国際連盟，国際連合に関する次の記述のうち，正しいものはどれか。

①アメリカは，国際連盟に参加しなかった。
②国際連盟は，軍事的制裁も可能であった。
③国際連合の本部は，スイスのジュネーブにある。
④国際連盟は，成立当初からソ連の参加を認めた。
⑤国際連合の常任理事国は，米，露，英，仏だけである。

解答

11…②　　**12**…④　　**13**…①

11 日露戦争（1904～05年），血の日曜日事件（05年1月），ニコライ２世退位（17年３月），十一月革命（17年11月），対ソ干渉戦争（18～22年）となる。

12 英仏協商は，ファショダ事件（1898年）の平和的解決を目的に締結された協定である。

13 アメリカは，上院がベルサイユ条約の批准を否決したため，国際連盟への不参加が決まった。

世界恐慌

14 世界恐慌に関する次の組合せで誤っているものはどれか。

①ソ連――計画経済
②ドイツ――ファシズムの台頭
③フランス――ニューディール
④イタリア――ファシズムの台頭
⑤イギリス――スターリング＝ブロック

第二次世界大戦

15 第二次世界大戦の開戦原因は次のうちどれか。

①チェコスロヴァキアの解体　②ドイツのポーランド侵攻
③サラエボ事件　④ノルマンディー上陸
⑤ドイツのオーストリア併合

冷　戦

16 次の記述のうち，誤っているものはどれか。

①アメリカはマーシャル＝プランを実施した。
②ソ連はワルシャワ条約機構を結成した。
③キューバ危機は人類初の核戦争であった。
④フルシチョフがスターリン批判を行った。
⑤ゴルバチョフはグラスノスチを打ち出した。

諸外国の会談・宣言

17 次の組合せで誤っているものはどれか。

①共産党宣言――エンゲルス　②マルタ会談――ゴルバチョフ
③アメリカ独立宣言――リンカーン
④カイロ会談――チャーチル　⑤ポツダム会談――トルーマン

解答

14 …③　**15** …②　**16** …③　**17** …③

14 ニューディールを行ったのは，アメリカの大統領ローズヴェルトである。フランスはフラン＝ブロックを行った。

15 宥和政策後ドイツがポーランドに侵攻し，イギリス・フランスが宣戦布告をした(1939年)。

16 キューバ危機(1962年)は，米・ソの対立が原因となり，人類が核戦争に直面した事件である。

17 アメリカ独立宣言は，ジェファソンが起草したものである。リンカーンは，奴隷解放宣言を発表した。

中国史（王朝）

18 次の出来事を年代順に並べたものはどれか。

A 殿試の創設　B 陳勝・呉広の乱　C 一条鞭法の導入
D 郡国制の施行　E 駅伝制の整備

①E→D→A→C→B
②D→C→E→B→A
③C→D→E→A→B
④B→D→A→E→C
⑤E→A→B→C→D

三角貿易，アヘン戦争

19 次の組合せで誤っているものはどれか。

①三角貿易――インド（アヘン）→ 中国
②アヘン戦争――南京条約
③三角貿易――イギリス（綿製品）→ インド
④アヘンの取り締まり――洪秀全
⑤三角貿易――中国（茶・銀）→ イギリス

中国史（近代）

20 清朝が亡んだ後，中華民国と号し，臨時大総統となったのはだれか。

①黎元洪　②黄　興　③孫　文
④蒋介石　⑤張学良

解答

18 …④　**19** …④　**20** …③

18 陳勝・呉広の乱（前209年～秦末），郡国制（前漢），殿試（宋），駅伝制の整備（元），一条鞭法（明）となる。

19 アヘンの取り締まりを行ったのは林則徐である。洪秀全は太平天国の指導者である。

20 その後，袁世凱が臨時大総統に就任し，独裁を展開した。これに対抗するため，孫文は国民党を組織した。

地 理

平野の地形

1 次のうち，硬軟の互層になっている階段状の地形はどれか。

①扇状地　②準平原
③氾濫原　④ケスタ
⑤三角州

海岸の地形

2 次にあげた地形のうち，氷河の浸食が影響しているものはどれか。

①リアス海岸　②エスチュアリー
③海岸段丘　④フィヨルド
⑤ラグーン

その他の地形

3 次の記述のうち，誤っているものはどれか。

①カルスト地形は，石灰岩地域の溶食によってできた地形である。
②カールは，氷河によって削られた窪地である。
③モレーンは，氷河より運搬された堆積物である。
④ドリーネの底部には，テラロッサが堆積する。
⑤氷河地形の地下にできる洞窟を鍾乳洞という。

解答

1 …④　**2** …④　**3** …⑤

1 ケスタは，地形の丘陵の一方が緩斜面，他方が急崖となる。パリ盆地・ロンドン盆地でみられる。

2 フィヨルドは，氷河の浸食によってできたU字谷（氷食谷）が沈水してできた，細長い入江である。

3 鍾乳洞は，溶食を受けた石灰岩地域の地下にできる洞窟である。

ケッペンの気候区分

4 次の気候区分のうち，夏も冬も温和な気候で，年中平均した降雨があるのはどれか。

①地中海性気候　②温暖湿潤気候
③西岸海洋性気候　④ツンドラ気候
⑤サバナ気候

世界の土壌

5 次のうち，間帯土壌に分類されるものはどれか。

①チェルノーゼム　②レグール土
③ポドゾル　④プレーリー土
⑤ラトソル

世界の植生

6 次の地理的特徴を示す地域名とその場所との組合せのうち，正しいものはどれか。

	(パンパ)	(プレーリー)	(サバナ)	(セルバ)
①	アフリカ	ロシア	オーストラリア	アルゼンチン
②	ロシア	オーストラリア	アルゼンチン	アマゾン川流域
③	アルゼンチン	アマゾン川流域	北アメリカ	オーストラリア
④	オーストラリア	アフリカ	アマゾン川流域	ロシア
⑤	アルゼンチン	北アメリカ	アフリカ	アマゾン川流域

解答

4…③　**5**…②　**6**…⑤

4 西岸海洋性気候は，暖流と偏西風の影響で気温の年較差が小さい。ロンドンやパリなどが典型である。

5 間帯土壌は，母岩や地形などの影響を強く受けた土壌である。レグール土は，インドのデカン高原に分布する黒色の土壌で，綿花栽培に適している。

6 パンパ（アルゼンチン），プレーリー（アメリカのミシシッピ川流域），サバナ（アフリカ），セルバ（アマゾン川流域）。セルバ以外はいずれも草原で，セルバは森林である。

風の種類

7 次の説明のうち，誤っているものはどれか。

①貿易風は，中緯度高圧帯から赤道低圧帯へ吹き込む風である。
②偏西風は，中緯度高圧帯から高緯度低圧帯へ吹き込む風である。
③極偏東風は，極高圧帯から高緯度低圧帯へ吹き込む風である。
④ハリケーンは，熱帯低気圧でベンガル湾，アラビア海，マダガスカル島東など，インド洋上に発生する。
⑤シロッコは，アフリカの砂漠から地中海東部の海岸地方に吹き出す高温の風である。

世界の農業

8 次のうち，コーヒー豆の生産量が最も多いのはどの国か。

①エチオピア　②インドネシア　③コロンビア
④ベトナム　⑤ブラジル

世界の工業

9 次の記述のうち，誤っているものはどれか。

①イタリアでは，アルプスの水力発電に恵まれる北部に工業が集中している。
②イギリスでは，戦後，原料の輸入依存率が高まるにつれて，工業の中心が臨海地域や南部に移動した。
③ドイツのルール工業地域は，現在，ヨーロッパ最大の工業地域となっている。
④フランスは資源に恵まれていたことから，ドイツにくらべて工業の比重が高い。
⑤アメリカの工業地域の中で，最も早く発達したのは，ニューイングランド工業地域である。

解答

7 …④　**8** …⑤　**9** …④

7 ハリケーンは，カリブ海で発生しメキシコ湾岸を襲う熱帯性の低気圧である。インド洋などで発生する熱帯低気圧は，サイクロンである。

8 コーヒーの生産量は，ブラジルが全世界の約30％を占め，最も多い。

9 フランスは，ロレーヌ地域で工業が発達してきたが，ドイツにくらべると工業の比重は低い。一方で，小麦の輸出量は世界4位（2016年）であり，ヨーロッパ屈指の農業国である。

日本の工業

10 日本の四大工業地帯（京浜，阪神，中京，北九州）が海岸地域に発達している理由として，最も適当なものはどれか。

①海岸地域は気候が温和であるため，自然災害を受けることが少なく，工場施設そのほかの資本の安全性が高い。
②海岸地域を貫流する大河川沿岸の平野には発電事業が発達しており，豊富にして低廉な動力を利用できる。
③海岸地域は地味がやせているため，農耕に適さず，また広い平野は大規模な工場施設に適している。
④国内に工業資源が乏しく原料の大部分を外国からの輸入に頼るので，海岸地域は輸入に便利である。
⑤国内の重要資源である鉄と石炭の埋蔵地帯が，海岸地域にかたまっている。

エネルギー資源

11 原油の生産量が世界1位の国は次のうちどれか。

①サウジアラビア　②ベネズエラ　③イラン
④アメリカ　⑤ロシア

鉱産資源

12 ボーキサイトの生産が世界1位の国は次のうちどれか。

①ギニア　②インドネシア　③ブラジル
④オーストラリア　⑤中国

人　口

13 国別人口が世界2位の国は次のうちどれか。

①中国　②アメリカ　③インド
④日本　⑤インドネシア

解答

10 …④　**11** …④　**12** …④　**13** …③

10 現在では太平洋ベルトを中心に，京浜，阪神，中京の三大工業地帯が核になっている。

11 2018年，アメリカが原油生産量世界一となった。シェール・オイルの増産が影響している。

12 ボーキサイトはアルミニウムの原鉱石である。オーストラリアでは，ウェイパでの産出が多い。

13 国別人口は現在，中国（世界1位），インド（2位），アメリカ（3位）である。2027年，インドは人口で中国を抜くといわれている。

民　族

14 次の組合せで誤っているものはどれか。

①ケルト――アイルランド，スコットランド
②マオリ――ラテンアメリカ
③サーミ――スカンディナビア半島北部
④イヌイット――カナダ北極海沿岸
⑤アボリジニ――オーストラリア

宗　教

15 世界三大宗教の組合せのうち，正しいものはどれか。

①キリスト教――イスラム教――ヒンドゥー教
②キリスト教――仏教――ヒンドゥー教
③ユダヤ教――ラマ教――キリスト教
④イスラム教――ラマ教――キリスト教
⑤キリスト教――イスラム教――仏教

アジア地誌

16 次の記述のうち，正しいものはどれか。

①マレーシアは，ドイモイ政策で経済発展した。
②シンガポールは，中国系が人口の過半数を占める。
③ベトナムは，ブミプトラ政策で先住民を優遇した。
④インドネシアは，国民の過半数が仏教徒である。
⑤タイは，東南アジア最大の人口を誇る。

解答

14 …②　　**15** …⑤　　**16** …②

14 マオリは，ニュージーランドのポリネシア系の先住民族である。ラテンアメリカの先住民族は，インディオである。

15 三大宗教は，キリスト教（イエス），イスラム教（ムハンマド），仏教（シャカ）である。

16 シンガポールは，人口の4分の3が華人である。公用語は，英語，中国語，タミル語，マレー語の4つである。

ヨーロッパ地誌

17 次の記述のうち，誤っているものはどれか。

①オランダは，酪農や園芸が盛んである。
②ベネルクス三国とは，ベルギー，ポルトガル，スウェーデンをさす。
③ノルウェーの西海岸には，フィヨルドが広がる。
④スイスは，永世中立国で，アルプスでは移牧がみられる。
⑤イタリアやスペインでは，地中海式農業が盛んである。

アメリカ地誌

18 次の組合せで誤っているものはどれか。

①アメリカ――とうもろこしの世界最大の輸出国
②ベネズエラ――マラカイボ油田
③カナダ――ケベック州の独立問題
④ブラジル――スペイン語
⑤チリ――銅鉱の世界最大の生産国

オセアニア地誌

19 次の記述のうち，正しいものはどれか。

①ニュージーランドの北島は，酪農が行われている。
②オーストラリアは，白豪主義国家である。
③ニュージーランドの首都は，オークランドである。
④ニュージーランドは，世界最大の羊毛の生産国である。
⑤オーストラリアは，フランス人の開拓移民が建国した国である。

解答

17 …②　**18** …④　**19** …①

17 ベネルクス三国とは，ベルギー，オランダ，ルクセンブルクをさす。第二次世界大戦後，関税同盟を発効した。EUのひな型といわれる。

18 ブラジルの公用語は，ポルトガル語である。鉄鉱石が豊富で，コーヒーのモノカルチャーから，多角化の方向をたどっている。

19 ニュージーランドの首都は，ウェリントンである。北島では酪農，牧羊，南島では牧羊，果樹栽培が盛んである。

アフリカ地誌

20 次の組合せで正しいものはどれか。

①エジプト――ニジェールデルタ
②コートジボワール――スエズ運河
③ガーナ――アスワンハイダム
④南アフリカ――キンバリー
⑤ナイジェリア――アクラ

地図投影法

21 メルカトル図法の欠点として正しいものは，次のうちどれか。

①高緯度ほど面積が不正確。
②高緯度ほど角度が不正確。
③低緯度ほど面積が不正確。
④低緯度ほど角度が不正確。
⑤中央経線から遠ざかるほど，角のひずみが大きい。

ASEAN

22 次のうち，ASEANの先行加盟国5か国でないものはどれか。

①インドネシア
②フィリピン
③マレーシア
④カンボジア
⑤シンガポール

解答

20 …④　**21** …①　**22** …④

20 キンバリーは南アフリカのダイヤモンド産地である。ニジェールデルタはナイジェリアの油田地帯。スエズ運河とアスワンハイダムはエジプトの社会資本。アクラはガーナの首都であり，野口英世の没した地である。

21 メルカトル図法は，地図上のどの地点でも経線が正確に南北を示すため，高緯度（極付近）でも低緯度（赤道付近）でも常に角度が等しい。

22 ASEANの先行加盟国5か国は，インドネシア，フィリピン，タイ，マレーシア，シンガポールで，1967年に設立された。その後，ブルネイが1984年に，ベトナムが1995年に，ミャンマーとラオスが1997年に，カンボジアが1999年に加盟した。

NIEs

23 アジアNIEsに含まれないものはどれか。

①韓国　②台湾
③中国　④シンガポール
⑤香港

BRICs

24 次のうち, BRICSに該当する国はどこか。

①インドネシア　②ベネズエラ
③ロシア　④ラオス
⑤北朝鮮

E　U

25 ユーロを導入していないEU加盟国は, 次のうちどれか。

①イタリア　②デンマーク
③オーストリア　④スペイン
⑤フィンランド

メルコスール

26 メルコスールの発足時の加盟国ではない国はどれか。

①メキシコ　②ブラジル
③アルゼンチン　④ウルグアイ
⑤パラグアイ

解答

23 …③　**24** …③　**25** …②　**26** …①

23 中国は, BRICSの1か国である。

24 BRICSは, ブラジル, ロシア, インド, 中国, 南アフリカの5か国をいう。

25 デンマークの通貨は, デンマーク・クローネである。

26 メルコスールは, ブラジル, アルゼンチン, ウルグアイ, パラグアイの4か国で1995年に発足した関税同盟である。その後ベネズエラが正式加盟し, 他の中南米諸国も加盟に向けて動いている。

思　想

古代ギリシア哲学

1 次の哲学者のうち，イデア論を唱えたのはだれか。

①プラトン　②ソクラテス　③タレス
④プロタゴラス　⑤アリストテレス

西洋近代思想

2 この思想は自然法思想から発展してきたもので，既存宗教，封権的特権の打破などに向けられ，市民革命の後ろだてとなった。フランス国内において，この思想の与えた最大の政治的影響は，フランス革命であった。

上述の「この思想」とは，次のうちのどれか。

①中華思想　②絶対主義思想　③プロタゴラス思想
④啓蒙思想　⑤社会主義思想

権力分立論

3 フランスのモンテスキューは，1748年に『法の精神』という有名な書を著して，専制的な権力の濫用によって，国民が苦しめられることを防ぐためには（　　）と説いた。

上文の（　　）内にはいる語句として適当なものはどれか。

①国民の総意による法律，政治を根本とすること。
②立法・行政・司法の三権を分立させるべきこと。
③友愛・協力の精神と，額に汗する勤勉努力の精神を養うこと。
④正義の実現，法の神聖の維持に最善の努力を捧げること。
⑤個人の価値と人格の尊厳を根本とし自由と平等とを守ること。

解答

1…①　**2**…④　**3**…②

1 プラトンは，善のイデアを認識した哲学者が政治を行うべきだとする，哲人政治を主張した。

2 啓蒙思想とは，理性的な立場から，民衆を無知や偏見の状態から解放しようとする考え方である。

3 モンテスキューは，著書『法の精神』の中で，三権分立（立法・行政・司法）の重要性を説いた。

社会契約説

4 社会契約説を主張した者の中で，「抵抗権」について述べたのは次のうちだれか。

①ロック　②ヒューム
③ホッブズ　④カント
⑤ロールズ

功利主義

5 「最大多数の最大幸福」とは，次のだれの言葉か。

①J.S.ミル　②マルサス
③スミス　④リカード
⑤ベンサム

社会主義

6 マルクスの著書は，次のうちどれか。

①『世界観の心理学』　②『ドイツ国民に告ぐ』
③『資本論』　④『帝国主義論』
⑤『国家と革命』

鎌倉仏教

7 次の仏教思想家のうち，只管打坐の重要性を唱えたのはだれか。

①親鸞　②道元　③栄西
④日蓮　⑤法然

解答

4…①　**5**…⑤　**6**…③　**7**…②

4 ロックは，政府が契約に反し自然権を侵す場合，人民は抵抗や政府を交代させることができるとした。

5 「最大多数の最大幸福」は，功利主義を主張したベンサムが立法や道徳の原理にしたものである。

6 マルクスは，著書『資本論』の中で社会主義の理論的体系を築いた。

7 道元は，宋に渡って如浄に出会い，彼のもとで悟りを得た。帰国後，曹洞宗を開いた。

日本近代思想

8 次の組合せで，誤っているものはどれか。

①吉野作造――民本主義
②幸徳秋水――社会主義
③美濃部達吉――天皇機関説
④内村鑑三――無教会主義
⑤西田幾多郎――民約訳解

諸子百家

9 次のA, B, Cの記述に関係ある人名の組合せで，正しいものはどれか。

A　人間の心は生来，種々の欲望をもち，放置すれば乱におよぶから，善を実現するためには，外からの権威によってこれを矯正しなければならない。

B　人は生まれながらにして，惻隠《そくいん》の心，善悪の心，恭敬の心，是非の心をもち，これらを拡充していけば，そこに仁・義・礼・智の四徳が完成する。

C　理とは，絶対的な見地からみれば，実在としての天理であり，相対的な見地からみれば事物の法則である。気は物質であり，万物は気が集まって形をなし，それに法則としての理が付与されて形成される。

	A	B	C
①	荀　子	孟　子	王陽明
②	老　子	孔　子	荀　子
③	墨　子	老　子	朱　子
④	孟　子	王陽明	孔　子
⑤	朱　子	荀　子	墨　子

解答

8 …⑤　　**9** …①

8 西田幾多郎の著作は『善の研究』である。『民約訳解』は中江兆民による，ルソーの『社会契約論』の翻訳である。

9 荀子は，孟子の性善説に対して性悪説を唱えた。王陽明は，陽明学の創始者で心即理を唱えた。

文学・芸術

西洋文芸の特徴

1 次のルネサンス文学の作品名と作者名の組合せで，誤っているのはどれか。

①ダンテ――神曲
②エラスムス――デカメロン
③ラブレー――ガルガンチュア物語
④チョーサー――カンタベリー物語
⑤セルバンテス――ドン・キホーテ

西洋音楽

2 次は音楽家とその作品である。誤っているものはどれか。

①ハイドン――英雄
②モーツァルト――魔笛
③ドヴォルザーク――新世界より
④チャイコフスキー――悲愴
⑤ベートーヴェン――田園

日本文学

3 次に示すのは，日本のおもな文学作品とその作者名・時代名を組合せたものである。正しくないものはどれか。

①方丈記	〔鴨　長明〕	(鎌倉時代)
千載和歌集	〔藤原俊成〕	(平安時代)
②おくのほそ道	〔松尾芭蕉〕	(江戸時代)
風姿花伝	〔世阿弥〕	(室町時代)
③万葉集	〔大伴家持〕	(奈良時代)
愚管抄	〔慈円〕	(鎌倉時代)
④土佐日記	〔紀　貫之〕	(平安時代)
古事記伝	〔本居宣長〕	(江戸時代)
⑤更級日記	〔和泉式部〕	(平安時代)
日本永代蔵	〔井原西鶴〕	(江戸時代)

解答

1 …②　**2** …①　**3** …⑤

1 エラスムスの著作は『痴愚神礼讃』である。『デカメロン』の著者はボッカチオである。

2 ハイドンの作品としては，『天地創造』，『ひばり』などがある。『英雄』は，ベートーヴェンの作品である。

3 『更級日記』の作者は，菅原孝標女である。

国　語

漢字の読み

1 次の漢字のふりがなで，誤っているものはどれか。

①遂行（すいこう）　②帰省（きしょう）
③納得（なっとく）　④控除（こうじょ）
⑤遵守（じゅんしゅ）

対義語

2 次の対義語の組合せのうち，誤っているものはどれか。

①具体――抽象　②必然――当然
③絶対――相対　④分析――総合
⑤感情――理智

語句の用法

3 次の下線部の語句の使い方が不適当なものはどれか。

①このような成功のかげには並大抵の努力があったはずだ。
②私はもとよりこの難事がたやすく成就するとは思っていない。
③ここで断念するのは取りも直さず多くの人命を見捨てることになる。
④彼が君に対して親切なのは要するに彼の利己心によるものだ。
⑤今の私は安易な生活よりはむしろ苦しみこそ味わいたい。

解答

1…②　**2**…②　**3**…①

1 帰省（きせい）とは，郷里・故郷に帰ることである。
2 必然（当然）の対義語は，偶然である。
3「並大抵ではない努力」が適切な使い方である。

敬　語

4 一般的な敬語の表現として正しいものは，次のどれか。

①両親がくれぐれも先生によろしくとおっしゃっていました。
②その件につきましては，明日ご返事申し上げます。
③A君は今日病気で休んでいらっしゃいます。
④先生の申されたことは間違いありません。
⑤どうぞ早めにお召し上がりになってください。

四字熟語

5 次の四字熟語の中で，漢字が正しく使われているものはどれか。

①危機一発　　②意気衝沈
③青天白日　　④五里夢中
⑤短刀直入

故事成語

6 次の故事成語の解釈のうち，誤っているものはどれか。

①蝸牛角上の争い——大局に何ら影響も与えない小さい争い。
②嚢中の錐————賢才。衆に抜きん出た賢い人のこと。
③隗より始めよ——事をおこすにはまず言い出した自分自身から第一に始めよ。
④四面楚歌————周囲の人が皆味方してくれる。
⑤刎頸の交わり——首を切られても心を変えないほどの親しい交わり。

解答

4…②　　**5**…③　　**6**…④

4 ①おっしゃっていました→申しておりました　③いらっしゃいます→います
④申された→おっしゃった　⑤お召し上がりになって→召し上がって

5 青天白日とは，潔白で後ろめたいことのないたとえ。
①発→髪　②衝→消　④夢→霧　⑤短→単

6 四面楚歌とは，助けがなく孤立し，周囲が皆敵ばかりであること。

英　語

前置詞

1 次の英文の空欄にはいる語として適当なものはどれか。

Re-evaluating our lifestyle is necessary (　　) us to maintain our health.

自身の生活習慣を見直すことはわれわれが健康を維持するためには必要である。

①to　　②by　　③at
④in　　⑤for

慣用句

2 下線部の意味として正しいものはどれか。

He is, <u>so to speak</u>, a grown-up baby.

①話せば話すほど　　②たとえようもないほど
③いわば　　④つまりは
⑤口がきけるので

接続詞

3 次の英文の(　　)内にはいる最も適当な接続詞はどれか。

Everyone in that room wouldn't go outside. The rain was beating and the wind was blowing against the window (　　) the storm was raging.

①if　　②then　　③but
④unless　　⑤as

解答

1…⑤　　**2**…③　　**3**…⑤

1 for＋人＋to＋動詞で「人が～する」。to不定詞の意味上の主語を示すために前置詞のforを使う。

2 so to speakで「いわば，たとえていうなら」。

3 as「～しているとき，～だから」。asはつなげるもの同士の同時性が強い接続詞である。

疑問文

4 次の疑問文のうち，文法的に正しいものはどれか。

①Did he studied music and painting?

②Do I ought to help him?

③Did you have breakfast this morning?

④Didn't you be astonished at the news?

⑤You like lemonade, do you?

慣用句の前置詞

5 次の空欄ア，イ，ウに当てはまる語の組合せとして正しいものはどれか。

- We must avoid a war (ア) all means.
- I agree with you (イ) some extent.
- He thought she was twenty (ウ) most.

	ア	イ	ウ
①	to	at	by
②	to	by	at
③	by	at	to
④	by	to	at
⑤	at	to	by

解答

4 …③　**5** …④

4 Yes/No疑問文は，Do/Does/Did/助動詞＋主語＋動詞の原形　の語順が基本となる。

5 by all means「ぜひ，なんとしても」，to some extent「ある程度」，at most「せいぜい」。

動詞の用法

6 次の文のうち，文法的に正しいものはどれか。

①John married with his first love.
②We discussed about a problem of the security.
③If the professor enters the room, a lecture will start.
④He apologized us for being late.
⑤Which university did Mr. Sato graduate?

関係代名詞

7 次の英文の和訳として最も適当なものはどれか。

I met on the street the man of whom you spoke of yesterday.

①街でその男に会ったが，彼は君のことを昨日話していた。
②君のことを話していた男に昨日街で会った。
③昨日君が話していた男に街で会った。
④君のいうその男に街で会った。
⑤君のいうその男に街で会ったのは昨日だった。

never の構文

8 次の2つの英文の空欄にはいる共通の語として適当なものはどれか。

- I (　　) see you without appreciating your kindness.
- He was (　　) to return to his home country.

①always　②never　③often
④usually　⑤every

解答

6…③　**7**…③　**8**…②

6 marry＋人「～と結婚する」, discuss＋物事「～について議論する」, apologize to＋人「～に謝罪する」, graduate from ～「～を卒業する」。

7 I met the man on the street「私はその男に街で会った」＋you spoke of the man yesterday「昨日君がその男について話していた」→ 私は昨日君が話していたその男に街で会った。

8 never … without ～ing「…すれば必ず～する」, be to 不定詞「～するつもりだ」。

littleの用法

9 次の英文の和訳として最も適当なものはどれか。

There is little pleasure in the world that is true and sincere besides the pleasure of doing our duty and doing good.

①この世には真実純粋な小さな快楽があるが，そのほか自分の義務を果たし，善を行うという快楽もある。
②この世には真実純粋な小さな快楽もあるが，そのかたわらに自分の義務を果たし，善を行うという快楽がなければならない。
③自分の義務を果たし，善を行う快楽のほかには，真実純粋な快楽はこの世にほとんどない。
④自分の義務を果たし，善を行うことのかたわらには，真実純粋な小さな快楽がこの世にはある。
⑤自分の義務を果たし善をなせば，それにともなって真実純粋な快楽が生まれないことはない。

成句と冠詞

10「誤りをおそれずに大胆に話すよう努めなさい。」
上文の英訳として正しいものは，次のうちどれか。

① Try to speak boldly instead of being afraid of making a mistake.
② Try to speak boldly in spite of being afraid of making mistaken.
③ Try to speak boldly instead to be afraid of making error.
④ Try to speak boldly in spite to be afraid to make mistake.
⑤ Try to speak boldly instead of be afraid to making error.

解 答

9 …③　　**10** …①

9 a littleではなくlittleのみだと,「ほとんどない」という否定的な意味になる。

10 instead of ～「～の代わりに,～しないで」, be afraid of ～「～をおそれる」, make a mistake「間違える（冠詞を忘れずに）」。前置詞（ofなど）の後ろの動詞は～ingになる。

仮定法

11「妹がいたら彼は幸福だったろうに。」
上文の英訳として適当なものは，次のうちどれか。

①If he had a younger sister, he should be happy.
②If he had had a younger sister, he would have been happy.
③If he had had a younger sister, he would be happy.
④If he had a younger sister, he will have been happy.
⑤If he would have a younger sister, he would have been happy.

命令文

12「箱の中からチョークを1本とりなさい。」
上文の英訳として正しいものは，次のうちどれか。

①You do take a chalk from the box.
②You take a sheet of chalk behind a box.
③You take the chalk behind a box.
④Take a piece of chalk out of the box.
⑤Please, take one chalk in front of a box.

解答

11 …②　　**12** …④

11「いたら」「だったろう」と過去を強調した文であることから，仮定法過去完了：If＋主語＋had＋過去分詞～，主語＋would（should/mightなど）＋have＋過去分詞　の形が妥当である。

12 命令文は主語を省略し，動詞から文を始める。chalkは不可算名詞なので，「1本のチョーク」→ a piece of chalk，「箱の中から」→ out of the box。

cannot ～ too 構文

13「山の中を歩くときは, いくら注意してもしすぎるということはない」**という意味になるように（　　）内の単語を並べ替えたとき, 不要な語はどれか。**

（cannot, too, take, you, when, you, in, be, walk, mountains, careful, the）.

①the　②you　③be
④take　⑤in

動名詞と不定詞

14「残念ながら患者に病状が深刻だと伝えなければならない」**という意味になるように空欄に動詞を補うとき, 最も適当なものはどれか。**

I regret（　　　）the patient that her condition is serious.

①to tell　②tells　③told
④to telling　⑤telling

解答

13 …④　**14** …①

13 You cannot be too careful when you walk in the mountains.

14 regret ＋ ～ing「～したことについて残念に思う」, regret ＋ to 不定詞「残念ながら～する」。動名詞だと過去の行為, 不定詞だと未来の行為を意味する。

科目別常識問題

03 自然科学

数　学

二次関数とグラフ

1 $y=2x^2$のグラフをx軸の正の方向へ3, y軸の負の方向へ5だけ平行移動させたグラフの方程式はどれか。

①$y=2x^2-20x+47$　②$y=2x^2-8x+8$
③$y=2x^2-20x+53$　④$y=2x^2-12x+13$
⑤$y=2x^2-12x+23$

二次不等式

2 $x^2-x-6 \geqq 0$ が成り立つためには, 次のどの条件が必要か。

①$3 \geqq x \geqq -2$　②$x \geqq 6$または$x \leqq -1$
③$1 \geqq x \geqq -6$　④$x \geqq 3$または$x \leqq -2$
⑤$3 \leqq x \leqq -6$

最大値

3 $-5 \leqq x \leqq 5$のとき, $y=-3x^2-6x+1$のグラフについて, yの最大値を求めよ。

①-6　②-3
③0　④4
⑤6

解答

1 …④　**2** …④　**3** …④

1 $y=2x^2$のグラフをx軸の正の方向へ3, y軸の負の方向へ5だけ平行移動させたグラフの方程式は, $y=2(x-3)^2-5$。よって　$y=2x^2-12x+13$　となる。

2 $x^2-x-6 \geqq 0$　を因数分解すると $(x-3)(x+2) \geqq 0$　となる。$(x-3)(x+2)=0$　のとき, $x=3$または-2なので, $(x-3)(x+2) \geqq 0$　が成り立つxの範囲は, $x \geqq 3$または$x \leqq -2$である。

3 $y=-3x^2-6x+1$を変形し, $y=-3(x+1)^2+4$の形にする。
このときグラフは下が開いた放物線となっており, 頂点は$(x, y)=(-1, 4)$である。
グラフの頂点のx座標は$x=-1$であり, 問題の条件である$-5 \leqq x \leqq 5$の範囲内にある。
よってyの最大値は, グラフの頂点のy座標である$y=4$である。

二次方程式

4 **$3x^2+bx+3=0$　のとき，xが１つの実数解をもつためのbの値は次のどれか。**

①$b=\pm 4$　　②$b=\pm 5$　　③$b=\pm 6$
④$b=\pm 7$　　⑤$b=\pm 8$

二次関数と面積

5 **x軸，y軸，$x=1$，$y=1$の4本の直線で囲まれた正方形において，$y=x^2$のグラフはこの正方形をどのような比率で分けるか。**

①2：1　　②3：1　　③3：2
④4：3　　⑤5：3

グラフの接点

6 **点（0，−9）を通る右上がりの直線が，放物線$y=x^2$と点Aで接するとき，Aのx座標はいくらか。**

①1　　②2　　③$2\sqrt{2}$
④3　　⑤$3\sqrt{2}$

解答

4 …③　　**5** …①　　**6** …④

4 $ax^2+bx+c=0$のとき，$x=\dfrac{-b\pm\sqrt{b^2-4ac}}{2a}$なので，$x$が1つの実数解をもつのは，$b^2-4ac=0$のとき。この問題で$x$が1つの実数解をもつ場合，$b^2-4\times3\times3=0$である。$b^2-36=0$，$b=\pm6$。

5 問題の条件のような一辺が1の正方形において，$y=x^2$のグラフとy軸および$x=1$の直線で囲まれた部分は正方形の2/3の面積を，$y=x^2$のグラフとx軸および$y=1$の直線で囲まれた部分は正方形の1/3の面積を占める。よって，正方形は面積比2：1で分割される。

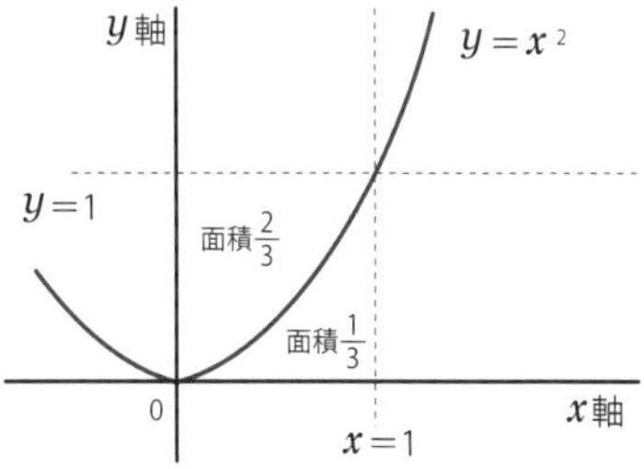

6 点（0，−9）を通る右上がりの直線の方程式は$y=ax-9$。これが放物線$y=x^2$と1点で接するので$x^2=ax-9$，移項して$x^2-ax+9=0$。xは１つの実数解をもつので判別式$a^2-4\times1\times9=0$であればよい。$a=\pm6$から，右上がりの直線なので$a=6$となり，直線の方程式は$y=6x-9$。$x^2=6x-9$が成り立つので$x^2-6x+9=0$，これを解いて$(x-3)^2=0$，$x=3$。

平方根の計算

7 次の式を簡単にしたものはどれか。

$$\sqrt{7+4\sqrt{3}}$$

① $\sqrt{7}+\sqrt{3}$　② $3+\sqrt{7}$　③ $2\sqrt{3}$
④ $2+\sqrt{3}$　⑤ $3+\sqrt{2}$

三角関数

8 次の等式のうち正しいものはどれか。

① $\sin(-a) = -\sin a$
② $\sin(180^\circ - a) = \cos a$
③ $\tan(180^\circ - a) = \tan a$
④ $\cos(-a) = -\cos a$
⑤ $\tan(90^\circ - a) = -\cos a$

解答

7 …④　**8** …①

7 $\sqrt{7+4\sqrt{3}} = \sqrt{\sqrt{4}^2+\sqrt{3}^2+2\cdot\sqrt{4}\cdot\sqrt{3}} = \sqrt{(\sqrt{4}+\sqrt{3})^2} = \sqrt{4}+\sqrt{3} = 2+\sqrt{3}$

8 ② $\sin(180^\circ - a) = \sin a$

③ $\tan(180^\circ - a) = \dfrac{\sin(180^\circ - a)}{\cos(180^\circ - a)} = \dfrac{\sin a}{-\cos a} = -\dfrac{\sin a}{\cos a} = -\tan a$

④ $\cos(-a) = \cos a$

⑤ $\tan(90^\circ - a) = \dfrac{\sin(90^\circ - a)}{\cos(90^\circ - a)} = \dfrac{\cos a}{\sin a} = \dfrac{1}{\tan a}$

立体図形

9 **図のように底辺が8cmで両辺が9cmの辺にかこまれた二等辺三角形4つによってつくられる四角錐の体積はいくらか。ただし，四角錐の体積は，**

$$\frac{\text{底面積}\times\text{高さ}}{3}$$ **である。**

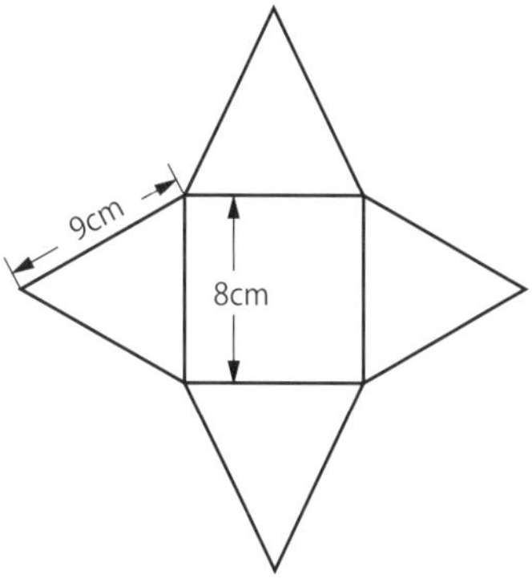

①約150cm³　②約160cm³
③約170cm³　④約180cm³
⑤約190cm³

平面図形

10 **直径20cmの円がある。その直径を一辺とし，円に内接する三角形がある。三角形のもう一辺が12cmであるとき，その三角形の面積は次のどれか。**

①136cm²　②120cm²　③105cm²
④96cm²　⑤84cm²

解答

9 …①　**10** …④

9 この四角錐を底面の辺と平行に頂点から底面にかけて垂直に切断したとき，切断面は三角形になる。切断面の三角形の底辺は8cm。他の二辺の長さは，四角錐の側面の三角形の高さと等しい。その長さは，$\sqrt{9^2-4^2} \fallingdotseq 8$cmである。切断面の三角形の高さは，$4\sqrt{3}$cm $\fallingdotseq$ 7cmである。これが四角錐の高さであり，体積は$8\times8\times7\div3=149\fallingdotseq150$cm³となる。

10 円の直径を一辺として円に内接する三角形は直角三角形になる。最も長い辺が20cm，別の一辺が12cmなので，もう一つの辺の長さは，$\sqrt{20^2-12^2}=16$cmである。
よって$12\times16\div2=96$cm²。

物　理

物体の運動

1 「加速度」とは，何を時間で割った値か。

①移動距離　②相対速度の差
③平均速度　④速度の変化
⑤距離の変化

物体の運動

2 物体の落下運動を計算するときに，考慮する必要がない項目は何か。

①物体の落下速度　②物体の落下時間
③物体の落下距離　④物体に加えられた力
⑤物体の質量

音

3 次の音についての記述であるが，正しいものはどれか。

①音は温度が上昇するにつれて速さを増す。
②光は屈折するが，音は屈折しない。
③真空状態での音の速さは，4℃における空気中の速さよりも速い。
④音の高さは，振幅の大小による。
⑤音の強さは，振動数の大小による。

解答

1 …④　**2** …⑤　**3** …①

1 速度＝距離の変化÷時間であり，加速度＝速度の変化÷時間である。

2 落下は等加速度運動である。重力加速度＝$9.8m/s^2$であり，この値は物体の質量とは無関係に一定である。よって落下運動を計算するときには，物体の質量を考慮する必要がない。

3 空気中の音の速さは温度により影響を受け，温度がt℃のときの音速をv m/sとすれば，$v = 331.5 + 0.6t$となる。ゆえに気温が1℃上がると0.6m/s速くなる。

光

4 次に挙げる現象の中で光だけにみられ，音ではみられない現象は何か。

①分散
②回折
③屈折
④反射
⑤ドップラー効果

力とつり合い

5 液体の中に物体を完全に沈めるとき，浮力に影響を与えるのは次のうちどれか。

①物体の質量
②物体の体積
③物体の密度
④物体の温度
⑤物体の材質

電　気

6 電圧の値を抵抗の値で割ると，何の値が求められるか。

①電力
②電気量
③電流
④静電気力
⑤電気容量

解答

4 …①　**5** …②　**6** …③

4 光の分散とは，白色光をプリズムなどに通したときに，赤，橙，黄，緑，青，藍，紫の色の帯に分かれることである。

5 浮力とは，沈めた物体の体積によって押しのけられた液体の重量と等しい力が，沈めた物体に対して上向きに働くものである。よって浮力に影響を与えるのは，沈めた物体の体積。

6 流れる電流の強さが電圧に比例し，抵抗の値に反比例することを「オームの法則」と呼び，I＝V/R（電流＝電圧÷抵抗），またはV＝RI（電圧＝抵抗×電流）と表す。

電　気

7 次に挙げる電気機器のうち，ジュール熱を利用していないものはどれか。

①白熱電球　　②アイロン
③ヒューズ　　④モーター
⑤ストーブ

エネルギー

8 機械はエネルギーをほかのエネルギーに変える装置としてよく利用されるが，次のうち正しいものはどれか。

①蒸気機関とは，蒸気のもつ熱のエネルギーを圧力のエネルギーに変えるもの。
②水車とは，水のもつ位置のエネルギーおよび運動のエネルギーを熱のエネルギーに変えるもの。
③発電機とは，機械の運動エネルギーを電気的エネルギーに変えるもの。
④内燃機関は，ガソリンのもつ運動エネルギーを熱のエネルギーに変えるもの。
⑤モーターは，電流に伴うエネルギーを熱のエネルギーに変えるもの。

解答

7 …④　　**8** …③

7 ジュール熱とは，導体に電流が流されるときに発生する熱のことである。モーターは，電流が磁場から受ける力を利用して動く。

8 発電機は機械の運動エネルギーを利用して，電磁誘導によって電流を発生させるものである。〈参考〉蒸気機関は燃料の化学エネルギー → 熱エネルギー → 機械の運動エネルギー。水車は水の位置エネルギー → 水の運動エネルギー → 水車の運動エネルギー。内燃機関(ガソリンエンジンなど)は燃料の化学エネルギー → 熱エネルギー → 機械の運動エネルギー。モーターは電気エネルギー → 機械の運動エネルギー。

化　学

物質の構造

1 次の「同位体」の説明のうち, 誤っているものはどれか。

①同位体は同じ元素であるが, 質量が異なる。
②同位体は互いに同じ化学的性質を示す。
③同位体は互いに原子番号が同じで, 原子量の異なる元素である。
④同位体は互いに陽子の数が同じであるが, 中性子の数は異なる。
⑤同位体は互いに質量や化学的性質が異なる。

元　素

2 次の物質のうち, 単体でないものはどれか。

①アンモニア　②金
③水素　④硫黄
⑤チタン

化学反応

3 塩素酸カリウムに二酸化マンガンを加えて加熱したときに発生するのは, 次のうちどれか。

①酸素　②塩素
③窒素　④水素
⑤オゾン

解答

1 …⑤　**2** …①　**3** …①

1 同位体は, 互いに陽子数つまり原子番号が同じ元素なので化学的性質はほぼ等しいが, 中性子数が異なるため, 質量(数)や放射性などの物理的性質が異なる。

2 単体とは, 1種類の元素からなるものを言う。金(Au), 水素(H), 硫黄(S), チタン(Ti)はいずれも単体である。アンモニア(NH_3)は窒素原子1個と水素原子3個が化合した化合物である。

3 化学反応式を示すと, $2KClO_3 \rightarrow 2KCl + 3O_2$ となる。二酸化マンガン(MnO_2)は触媒として働く。

酸化・還元

4 硫酸銅の水溶液にみがいた鉄片を入れておいたところ，その鉄片の表面に銅が付着した。このことから次のどれがいえるか。

①銅の方が鉄よりイオン化傾向が大きい。
②鉄の方が銅よりイオン化傾向が大きい。
③銅イオンは2価であるが，鉄イオンは1価である。
④鉄は硫酸には溶けない。
⑤銅は硫酸には溶けない。

酸・塩基・塩

5 次に挙げる酸のうち，3価の酸はどれか。

①硫酸　②硝酸
③塩酸　④炭酸
⑤リン酸

気体の性質

6 温度を一定とする場合，気体の体積が気体の圧力に反比例することを何と呼ぶか。

①ボイルの法則
②シャルルの法則
③ドルトンの分圧の法則
④アボガドロの法則
⑤ゲーリュサックの法則

解答

4 …②　**5** …⑤　**6** …①

4 イオン化傾向についてみると鉄の方が銅より大きく，問題のような現象が起きる。

5 リン酸（H_3PO_4）は水素イオン（H^+）を3個もっているので，3価の酸である。硫酸（H_2SO_4）と炭酸（H_2CO_3）はともに2価の酸。硝酸（HNO_3）と塩酸（HCl）はともに1価の酸である。

6 一定量の気体の温度が一定に保たれている場合，気体の体積を小さくすれば圧力が大きくなり，反対に気体の体積を大きくすれば圧力は小さくなる。これをボイルの法則と呼ぶ。

溶液の性質

7 親水コロイド溶液に多量の電解質を加え，コロイドが沈殿する現象を何と呼ぶか。

①透析　②塩析　③凝析
④チンダル現象　⑤ブラウン運動

化学平衡

8 容器の中で窒素（N_2）と水素（$3H_2$）からアンモニア（NH_3）を合成し，平衡状態になった。アンモニアの合成が進むと熱が発生する。この後，アンモニアの合成を促進させるために必要な操作は，次のうちどれか。

①圧力を下げる。
②温度を上げる。
③窒素を加える。
④水素を減らす。
⑤アンモニアを加える。

有機化合物

9 メタンなどの炭化水素を完全に燃焼させるときに，二酸化炭素とともに発生する物質は何か。

①炭素　②酸素　③水素
④水　⑤一酸化炭素

解答

7 …②　**8** …③　**9** …④

7 多量の電解質を加え，親水コロイドと水和している水分子が取り除かれることにより，親水コロイドを沈殿させる現象が塩析である。

8 容器の中では，$N_2 + 3H_2 \rightarrow 2NH_3 + 92kJ$ という反応と，$2NH_3 \rightarrow N_2 + 3H_2 - 92kJ$ という反応が可逆的に起きている。これが化学平衡である。このとき新たな操作を施すと，容器内ではその操作を打ち消す方向に反応が進む。アンモニアの合成を促進させるためには，窒素または水素を増やす，アンモニアを減らす，圧力を上げる（分子数が少なくなるように反応が進む），温度を下げるなどの操作を行えばよい。

9 炭化水素を完全に燃焼させると，炭化水素に含まれる炭素が酸素と化合して二酸化炭素が，炭化水素に含まれる水素が酸素と化合して水ができる。（例：$CH_4 + 2O_2 \rightarrow CO_2 + 2H_2O$）一酸化炭素は「不完全燃焼」の場合に発生する。

生 物

細 胞

1 細胞小器官の中で，タンパク質合成を行っているのはどれか。

①ゴルジ体　②葉緑体
③中心体　④ミトコンドリア
⑤リボソーム

光合成

2 次のうち，光合成の反応全体を通して生産されていない物質はどれか。

①二酸化炭素　②水
③酸素　④ATP
⑤ブドウ糖

呼 吸

3 酸素呼吸の反応過程で，ATPを最も多量に生産しているのはどれか。

①解糖系　②電子伝達系
③クエン酸回路　④カルビン・ベンソン回路
⑤オルニチン回路

解答

1…⑤　**2**…①　**3**…②

1 リボソームでは遺伝子の指令に従い，さまざまな種類のタンパク質を合成している。ゴルジ体は物質の貯蔵・分泌，葉緑体（植物細胞のみ）は光合成，中心体は細胞分裂時に働き，ミトコンドリアは酸素呼吸によるATP(生命活動のエネルギー源)の生産をそれぞれ行っている。

2 光合成では，二酸化炭素と水と光エネルギーから，ブドウ糖と酸素と水を生産する。ATPは光合成の反応の前半部分である「明反応」で少量生産され，反応の後半部分である「暗反応」で使用されている。

3 酸素呼吸では，解糖系で2ATP，クエン酸回路で2ATP，電子伝達系で34ATPが生産される。ブドウ糖1分子あたり，合計で38ATPが生産される。カルビン・ベンソン回路は光合成の反応過程であり，オルニチン回路は有毒なアンモニアを毒性のほとんどない尿素へ変える反応過程である。

酵　素

4　次のうち，デンプンの分解酵素はどれか。

①トリプシン　　②アミラーゼ
③ペプシン　　④ペプチダーゼ
⑤ビオチン

血　液

5　人体の血液についての次の説明のうち，誤っているものはどれか。

①白血球は血色素をもたない。
②血液の液体成分を血漿といい，血液の55%を占める。
③血小板は不定形でアメーバ運動をして食作用を行い，病原菌の侵入を防ぐ働きをする。
④赤血球は骨髄で生産され，円板状で中央がやや凹んでいる。
⑤血液の量は成人で4～5ℓである。

自律神経系

6　次のうち，自律神経系（交感神経・副交感神経）を司る脳の部位はどれか。

①大脳　　②中脳
③間脳　　④小脳
⑤延髄

解答

4…②　　**5**…③　　**6**…③

4 アミラーゼとは，デンプンを加水分解する酵素の総称で，俗にジアスターゼともいう。デンプンをデキストリンと麦芽糖に分解する。トリプシン，ペプシン，ペプチダーゼはそれぞれタンパク質の消化酵素。ビオチンはビタミンB群に分類される水溶性ビタミンであり，補酵素として働く。

5 血小板は細胞の破片なので核がなく，おもな働きは出血したときに血液を凝固させることである。活発にアメーバ運動をして病原菌を食べるのは白血球である。

6 自律神経系は，間脳の視床下部が中枢となって調節作用を行っている。

肝　臓

7 次のうち，肝臓の働きでないものはどれか。

①グリコーゲンの合成・貯蔵
②解毒
③赤血球の破壊
④インスリンの分泌
⑤胆汁の合成

脳

8 次にあげる働きのうち，大脳が司っていないのはどれか。

①記憶　②言語
③思考　④運動
⑤平衡

遺　伝

9 次のうち，性染色体が関係している遺伝を何と呼ぶか。

①伴性遺伝　②抑制遺伝
③致死遺伝　④補足遺伝
⑤複対立遺伝

解答

7 …④　**8** …⑤　**9** …①

7 インスリンの分泌を行っているのは，すい臓である。ほかはすべて肝臓の働きである。

8 平衡は小脳が司っている。ほかはすべて大脳が司っている。

9 伴性遺伝は，雌雄で共通する性染色体（ヒトの場合，X染色体）に含まれる遺伝子による遺伝のことである。雌雄どちらかだけがもつ性染色体（ヒトの場合，男性がもつY染色体）に含まれる遺伝子による遺伝は，「限性遺伝」と呼ぶ。

地　学

地球の構造

1 地球内部の「マントル」を構成する物質と状態について，妥当なのはどれか。

①金属・固体　②金属・液体
③岩石・固体　④岩石・液体
⑤金属と岩石の混合・液体

地　震

2 地震に関する次の記述のうち，誤っているものはどれか。

①余震とは大地震後に起こる地震のことをいう。
②マグニチュードとは地震の規模を示すものである。
③地震波のうち最初に到着する波はS波と呼ばれる縦波である。
④地震の発生点を震源，その真上の地表の点を震央という。
⑤大地震による液状化現象は，埋め立て地のような地盤が弱い土地で発生しやすい。

大気圏の構造

3 次のうち，オゾン層を多く含むのはどれか。

①対流圏　②成層圏
③中間圏　④熱圏
⑤外気圏

解答

1 …③　**2** …③　**3** …②

1 地球内部の構造は，地球表面から順に「地殻」，「マントル」，「外核」，「内核」と並ぶ。「マントル」は地殻の内側から地下約2,900kmまでの間に存在しており，高温で固体の岩石である。「マントル」は固体であるが流動性をもっていて，熱によって「マントル対流」が起きている。

2 地震波のうち，最初に伝わる波はP波と呼ばれる縦波で，地震の初期微動をもたらす。S波は次に伝わる横波で，地震の主要動をもたらす。

3 オゾン層は成層圏に約90％存在しており，太陽から地球に降り注ぐ有害な紫外線を吸収している。

気　象

4 次のうち，日本列島付近の冬の気象を象徴する語句はどれか。

①停滞前線　　②移動性高気圧
③西高東低　　④南高北低
⑤熱帯低気圧

太陽系

5 四季の変化が起こる理由として，次のうち正しいものはどれか。

①海流の影響が季節的に相違があるから。
②地球の軌道が正しい円でないから。
③太陽の出す熱量が周期的に増減するから。
④地球の地軸が傾いているから。
⑤地球が正しい球形をしているから。

太陽系

6 地球から月の裏側がみえない理由は，次のどれか。

①月の自転周期と，地球の自転周期が同じである。
②月の自転周期と，月の公転の周期が同じである。
③月の自転の方向と，地球の公転の方向が同じである。
④月の自転周期は，ほぼ29日である。
⑤月は地球とともに太陽の周囲を公転する。

解答

4 …③　　**5** …④　　**6** …②

4 西高東低は冬の気圧配置のことである。停滞前線は，梅雨と秋の長雨の時期に日本列島上空に発生する。移動性高気圧は春と秋の時期にくり返し日本列島にやってきて，晴天をもたらす。南高北低は夏の気圧配置のことである。熱帯低気圧は海面温度が高い赤道付近の海上で発生するもので，季節に関係なく発生する。

5 地球の自転軸と公転軌道面との角度は90度ではなく，66.6度である。地球は自転軸が傾いた状態で，太陽の周囲を公転している。そのため太陽から受ける日射量が季節によって異なる。

6 月は地球のまわりを公転するが，地球を1周する間に月自身も1回転（自転）するので，地球に対しては常に同じ面を向けることになる。したがって月の裏面は地球からは観察できない。

科目別常識問題

04 判断推理・数的推理

判断推理

集　合

1 ある学校の生徒50人のうち，塾に通っているのが35人，スポーツクラブに通っているのが25人，ピアノ教室だけに通っているのが５人，何にも通っていないのが２人であったとき，塾とスポーツクラブの両方に通っているのは何人か。

①16人　②17人　③18人
④19人　⑤20人

命　題

2 AならばXである。YならばBである。AでないものはYではない。

上文から常に正しく推論できることは，次のうちどれか。

①AはBである。　②YはXである。
③BはYである。　④XはAである。
⑤BはXである。

解答

1 …②　**2** …②

1 条件をベン図で表すと次のようになる。
「ピアノ教室だけ」に注意する。
この場合，ピアノ教室全体を意味しておらず，塾とスポーツクラブに重なっている部分は含まれない。
xの部分は次のような計算によって求められる。
$(35+25)-(50-2-5)=17$

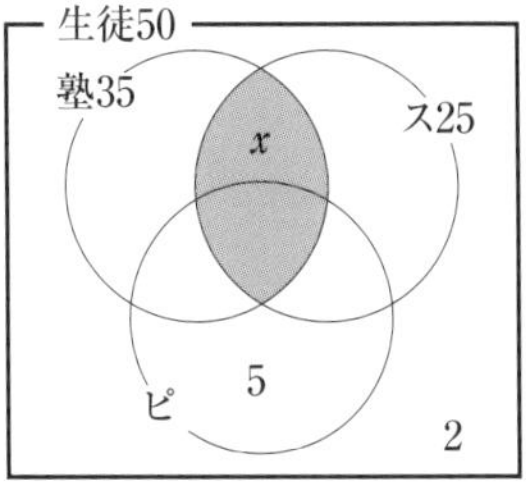

2「Aである」を「A」,「Aでない」を「$\overline{\text{A}}$」と表して，論理がつながるかを考える。
与えられた命題は「A→X」「Y→B」「$\overline{\text{A}}$→$\overline{\text{Y}}$」と表される。対偶（矢印の前後を換えて否定した命題）は必ず正しいので，「Y→A」も正しい（二重否定は肯定となる）。よって「Y→A→X」となり②は正しい。

位　置

3 A, B, C, D, Eの5人は, 下の図のようなある会社の独身寮に住んでいる。このうち, A, B, C, Dの4人は自分の部屋について, 次のように述べた。

(い)	(ろ)	(は)
(に)	(ほ)	管理人室

A．私の部屋は, 北と西の窓があいている。
B．私の部屋は, E君の部屋の北隣で, 北の窓があいている。
C．私の部屋は, 西と南の窓があいている。
D．私の部屋は, 東と北に窓があいている。

上のことから判断して, Eの部屋はどこか。ただし, 外に面したところは, すべて窓があいているものとする。

①い　②ろ　③は
④に　⑤ほ

解答

3 …⑤

3 発言から，Aは(い)，Cは(に)，Dは(は)となる。BはEの北側なので，Bが(ろ)，Eが(ほ)になる。

試　合

4 A～Eの5チームが総当たり戦で野球を行った。試合結果は次のようであった。

ア．AはEに勝ったが，Cと引き分けた。

イ．BはDに勝ったが，Cに負けた。

ウ．EはCに勝って，2勝1敗1分けであった。

エ．優勝したチームは3勝1分けであり，最下位は1勝3敗であった。

以上より，確実にいえるものはどれか。

①BはEに勝った。

②Cは1勝2敗1分けであった。

③DはEに引き分けた。

④AはBに負けた。

⑤DはAに勝った。

解答

4 …②

4 優勝したチームは3勝1分けであったという記述から，負けのないAが優勝。Eの成績は2勝1敗1分けであるから，Bの対戦，Dの対戦について勝ったか引き分けたかということになる。2つの場合に分けて考える。

(1)　BとEが引き分けたと仮定した場合

Eは2勝1敗1分けであるので，Dには勝ったことになる。また，最下位は1勝3敗であるので，DはCに勝ったことになる。

	A	B	C	D	E	勝－敗－引
A		○	△	○	○	3－0－1
B	×		×	○	△	1－2－1
C	△	○		×	×	1－2－1
D	×	×	○		×	1－3－0
E	×	△	○	○		2－1－1

(2)　DとEが引き分けたと仮定した場合

(1)の場合と同じくEはBに勝ったことになる。CとDの試合については，Dが負けると最下位で3敗1分けとなってしまい，条件に矛盾するので，DはCに勝ったことになる。

	A	B	C	D	E	勝－敗－引
A		○	△	○	○	3－0－1
B	×		×	○	×	1－3－0
C	△	○		×	×	1－2－1
D	×	×	○		△	1－2－1
E	×	○	○	△		2－1－1

いずれの場合も，Cは1勝2敗1分けと同じ勝率になる。

手　順

5 **大きな樽の中に酒がはいっている。3 ℓの容器と7 ℓの容器だけを使って，5 ℓの酒を最少手数で量り分けたい。樽および2つの容器の間で何度酒を出し入れすればよいか。**

①6回　②7回　③8回
④9回　⑤10回

虫食い算

6 **次のような整数の足し算がある。a～cには1～9のいずれかがはいる。a＋b＋cの答えとして正しいものはどれか。**

$$
\begin{array}{rccc}
 & a & b & b \\
+ & & c & b \\
\hline
 & c & c & c
\end{array}
$$

①23　②24　③25
④26　⑤27

解　答

5 …③　**6** …②

5 1. 樽からくみ出して7ℓ容器をいっぱいにする。
2. 7ℓ容器からくみ出して3ℓ容器をいっぱいにする（7ℓ容器には4ℓ残っている）。
3. いっぱいになった3ℓ容器の酒を樽に戻す。
4. 7ℓ容器の残りを3ℓ容器に移す（7ℓ容器には1ℓ残っている）。
5. いっぱいになった3ℓ容器の酒を樽に戻す。
6. 7ℓ容器の残りを3ℓ容器に移す（7ℓ容器は空，3ℓ容器には1ℓはいっている）。
7. 樽からくみ出して7ℓ容器をいっぱいにする。
8. 7ℓ容器からくみ出して3ℓ容器をいっぱいにする（7ℓ容器には5ℓ残る）。

6 bにcを足してcとなるのは，bが0か9の場合のみ。0は使用していないのでb＝9。9＋9＝18なのでc＝8。aに繰り上がり1があってcとなっているのでa＝7。合計すると24。

道　順

7 **次の碁盤目状の道をA地点からB地点に行く方法は何通りあるか。ただし，最短経路をたどるものとし，×地点は工事中で通れない。**

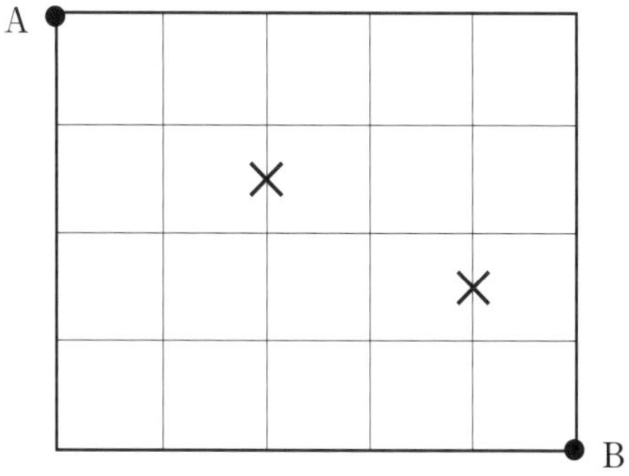

①68　　②70　　③72
④74　　⑤76

解答

7 …③

7 各交差点までの行き方を数字で記入。両方から来られる場合は2つの数字を合計する。

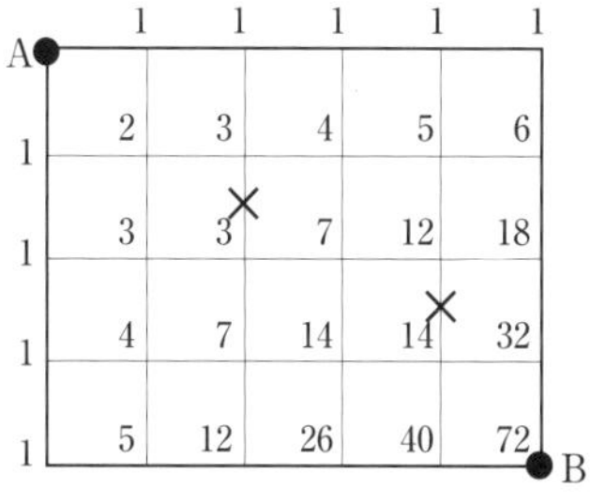

うそつき

8 A，B，C，Dの4人が徒競走をした。ゴールに着いた順序について，4人はそれぞれ次のようにいっている。

A.「私は1位だった」
B.「私は2位でも4位でもなかった」
C.「私はBよりも先に着いた」
D.「私は4位だった」

4人のうち，だれか1人だけが事実と違ったことをいい，残りの3人は正しいとすれば，次のうち正しいものはどれか。ただし，着いた順位は4人とも異なるものとする。

①Bは3位でも，4位でもなかった。
②Aは最下位だった。
③Aの次の順位はDである。
④Cの次の順位はAである。
⑤DはBより先に着いた。

解答

8 …④

8 各人がうそをついていると仮定して条件に合うかを確認する。
Aがうそをついていると仮定すると，

1位がC，2位がA，3位がB，4位がD

とB～Dは正しいことをいっていることになり，条件すべてに合致する。

対応関係

9 A～Eの5人は複数の外国語を話すことができる。話せる外国語は英語，フランス語，ドイツ語，中国語の4種類で，それぞれ3人ずつ話せる人がいる。次のことがわかっているとき，確実にいえるものはどれか。

ア．AとCはまったく同じ外国語が話せる。
イ．A，BおよびCはそれぞれ2種類の外国語が話せ，DおよびEはそれぞれ3種類の外国語が話せる。
ウ．DはBが話せる外国語のほかに中国語を話せる。
エ．Bはドイツ語を話せない。

①Aが話せるのは，中国語，英語である。
②Aが話せるのは，中国語，フランス語である。
③Dが話せるのは，ドイツ語，中国語，英語である。
④Eが話せるのは，ドイツ語，中国語，英語である。
⑤Eが話せるのは，ドイツ語，フランス語，英語である。

解答

9 …⑤

9 ウの条件から，BとDが共通で話せるのは英語とフランス語である。Dはドイツ語が話せないことになる。次に，AとCの話せる外国語は一致しているが，英語またはフランス語であるとすると話せる人数が4人になってしまう。したがって，AとCが話せるのはドイツ語と中国語であり，Eは中国語を話せない。

	英	仏	独	中	計
A	×	×	○	○	2
B	○	○	×	×	2
C	×	×	○	○	2
D	○	○	×	○	3
E	○	○	○	×	3
計	3	3	3	3	

暗号

10 ある暗号で「イヌ」を「CPH」,「ネコ」を「DBS」と表すという。同じ暗号で「SJHFQ」は何を表しているか。

①ゾウ　②クマ　③サル
④ヒョウ　⑤トラ

魔方陣

11 次のような正方形の9つのマス目に1～9の数字をいれて，縦，横，斜めの3つの数字の和を一定になるようにしたい。$a=6$，$b=3$であるときxにはいる数字として，正しいものはどれか。

a		x
	b	

①1　②2　③4
④5　⑤7

解答

10 …⑤　**11** …②

10 暗号化された文字数から日本語を英語に訳して，アルファベットを使った暗号とわかる。これによれば問題文は「TIGER」となり，日本語では「トラ」である。

A	C	E	G	I	K	M	O	Q	S	U	W	Y
↕	↕	↕	↕	↕	↕	↕	↕	↕	↕	↕	↕	↕
B	D	F	H	J	L	N	P	R	T	V	X	Z

11 1～9の9つの数字を使って3方陣をつくった場合，方陣の中央にはいる数字は必ず5であり，3数の和は15 {(1～9の合計) ×1/3} になるという3方陣の性質からxを求める。

順　序

12 Ａ～Ｇの７種類のパンがあり，これらの価格はいずれも異なっている。これらのパンの価格について次のことがわかっているとき，確実にいえるのはどれか。

ア．Ａは，ＢとＦの価格の和に等しく，Ｃの価格より安い。
イ．Ｆは，ＥとＧの価格の和に等しく，Ｂの価格より高い。
ウ．Ｄは，ＢとＧの価格の和に等しく，Ｅの価格より安い。

①Ａの価格は３番目に高い。
②Ｂの価格はＧの価格より安い。
③Ｄの価格は２番目に安い。
④Ｅの価格は４番目に高い。
⑤Ｇの価格はＥの価格より高い。

解答

12 …④

12 ア～ウの条件から，Ａ＝Ｂ＋Ｆ＜Ｃ…①，Ｆ＝Ｅ＋Ｇ＞Ｂ…②，Ｄ＝Ｂ＋Ｇ＜Ｅ…③。①②から，Ｃ＞Ａ＞Ｆ＞Ｂ…④，②③から，Ｅ＞Ｄ＞Ｂ・Ｇ…⑤。②④⑤から，Ｃ＞Ａ＞Ｆ＞Ｅ＞Ｄ＞Ｂ・Ｇとなる。

数的推理

濃度算

1 8%の食塩水150 g と12%の食塩水450 g を混ぜると，できる食塩水の濃度は何%か。

①21%　　②18%
③15%　　④12%
⑤11%

場合の数

2 男子7人女子6人から，男子3人と女子3人の組合せをつくるとき，何通りの方法があるか。

①500通り　　②550通り
③600通り　　④650通り
⑤700通り

損益算

3 ある品物に原価の3割の利益を見込んで定価を975円とした。原価はいくらか。

①700円　　②720円
③750円　　④780円
⑤800円

解答

1 …⑤　　2 …⑤　　3 …③

1 できる食塩水の濃度をx%とすると，150（$x-8$）＝450（$12-x$）。これを解いて$x=11$（%）。

2 男子7人から3人を選ぶ組合せは${}_7C_3$，女子6人から3人を選ぶ組合せは${}_6C_3$。よって${}_7C_3 \times {}_6C_3$＝700（通り）。

3 原価＋利益＝定価の関係を使う。原価をx円とすると利益は$0.3x$円。
ゆえに，$x+0.3x=975$。これを解いて$x=750$（円）となる。

数　列

4 次の数列について，1番目から12番目までの数の合計はいくつになるか。

1，3，5，7，9・・・

①122　　②144
③156　　④168
⑤172

N進法

5 2進法で111と表される数に，3進法で111と表される数を掛けた結果を，10進法で表すといくつになるか。

①87　　②88
③89　　④90
⑤91

平　均

6 ある高校の入学試験の平均点は67点，不合格者の平均点は61点であった。合格者は全体の2割であったとすると，合格者の平均点は何点か。

①91点　　②90点
③89点　　④88点
⑤87点

解答

4 …②　　**5** …⑤　　**6** …①

4 等差数列第N項は，公差×（N－1）＋初項で求める。
また，等差数列の合計は，｛(初項+第N項）×項数｝÷2で求める。本問は初項1，公差が2の等差数列である。この第12項の数は，2（12－1）＋1＝23。
合計は，｛(1+23）×12｝÷2＝144となる。

5 2進法の111を10進法に変換すると，$1\times2^2+1\times2^1+1\times2^0=7$となり，3進法の111は，$1\times3^2+1\times3^1+1\times3^0=13$となる。ゆえに，7×13＝91。

6 受験者の人数をx人とすると，合格者は$0.2x$（人），不合格者は$0.8x$（人）となる。全体の平均点が67点より，全体の点数は$67x$（点）となる。また，不合格者の平均点が61点より，不合格者の点数は$61\times0.8x=48.8x$（点）。ゆえに，合格者の平均点は$(67x-48.8x)\div0.2x=91$（点）となる。

余りの問題

7 鉛筆が12ダースある。これをA係の全係員に配ると7本ずつで4本余り，A係の全係員とB係の全係員に配るとちょうど4本ずつわたる。ではB係の係員は何人か。

①12人　②14人　③16人
④18人　⑤20人

仕事算

8 ある一定量の仕事を，夫がやれば2時間で終わり，妻がやれば4時間かかる。夫と妻が協力してやったら，どれくらいかかるか。

① 6時間　② 3時間　③ 2時間
④ 1時間20分　⑤ 1時間12分

速度算

9 毎時45㎞の速さで甲駅を出発した電車が，4時間たってから，事故のため毎時30㎞に減速したところ，予定より1時間遅れて乙駅に到着した。甲・乙両駅間の距離を求めよ。

①180㎞　②230㎞　③270㎞
④310㎞　⑤350㎞

解答

7 …③　**8** …④　**9** …③

7 鉛筆の本数は12×12＝144（本）。これをA係員に7本ずつ配ると4本余るので，A係員は（144－4）÷7＝20（人）であることがわかる。B係員の人数をx人とすると4本ずつわたることから，（20＋x）×4＝144（本）。これを解いてx＝16（人）となる。

8 仕事の全量は，夫と妻がそれぞれ完了するまでの時間の最小公倍数となるので，2と4の最小公倍数4。夫の仕事の速さは全量4の仕事を2時間で終えるので4÷2＝2，妻の仕事の速さは全量4の仕事を4時間で終えるので4÷4＝1。夫と妻が一緒に行えば，2＋1＝3の速さで進めることができる。ゆえに，4÷3＝1時間20分となる。

9 毎時45㎞で移動した場合の予定時間をT時間とすると，予定通り走った場合の距離は45T（㎞）となる。また，毎時30㎞で走った時間はT－4＋1＝T－3（時間）となり，毎時45㎞と毎時30㎞で走った距離は45×4＋30（T－3）＝30T＋90（㎞）となる。45T＝30T＋90より，T＝6。ゆえに甲・乙両駅間の距離は45×6＝270（㎞）となる。

確　率

10 2個のサイコロを同時に投げたとき，目の和が9になる確率は次のどれか。

①1／9　②1／12　③1／18
④1／24　⑤1／36

確　率

11 3個のサイコロを振って3個とも6の目が出る確率は次のどれか。

①1／6　②1／18　③1／216
④1／12　⑤1／36

文字式

12 ある動物園の入園料は大人100円，子ども60円である。この日の入園者数は10,000名で，その収入は784,000円であった。この日の大人の入園者は何人か。

①4,600人　②4,000人　③3,800人
④3,600人　⑤2,800人

解答

10 …①　**11** …③　**12** …①

10 2個のサイコロを同時に投げた場合のすべての目の出方は6×6＝36（通り）。目の和が9になる場合は，（3，6）（4，5）（5，4）（6，3）の4通り。ゆえに，4／36=1／9となる。

11 3個のサイコロを振って出るすべての目の出方は，6×6×6＝216（通り）。3個とも6が出る目の出方は1通り。ゆえに確率は1／216となる。

12 大人の人数をx人とすると，子どもの人数は10,000－x（人）となる。入園料の合計が784,000円なので，$100\times x+60(10{,}000-x)=784{,}000$が成り立つ。これを解いて$x=4{,}600$（人）となる。

約数・倍数

13 70より小さい正の整数のうちで，2でも3でも割り切れる数の総和はいくつになるか。

①360　②396　③432
④540　⑤726

通過算

14 長さ90mの列車が秒速12mで走っている。この列車があるトンネルにさしかかったとき，この3秒前に汽笛を鳴らした。この列車が完全にトンネルを抜け出たのは汽笛を鳴らしてから43秒後であった。このトンネルの長さは何mか。

①360m　②390m　③420m
④450m　⑤475m

比と割合

15 A君，B君，C君が読書をしている。ある本についてA君が40ページ読む間に，B君は60ページ読むことができる。同じ本をC君が100ページ読む間に，A君は50ページ読むことができる。別の本をC君が12日間かかって読み終えるとすると，その本をB君が読み終えるには何日間かかるか。

①12日間　②14日間　③16日間
④18日間　⑤24日間

解答

13 …②　**14** …②　**15** …③

13 2でも3でも割り切れる数は，6の倍数である。70より小さい6の倍数の総和は，公差6の等差数列の合計で求めればよい。11（6＋66）/2＝396。

14 トンネルの長さをxmとすると，トンネルを通過するまでに列車が移動した距離は，90＋x（m）。また，移動時間は40秒であるから，12×40＝90＋xが成り立つ。x＝390（m）となる。

15 A，B，Cの3人の読書の早さを比で表すと，A：B＝40：60＝2：3，A：C＝50：100＝1：2である。ここでA：C＝2：4と読み替えると，A：B：C＝2：3：4となる。次に，Cが読み終えるのに12日間かかる本のページ数を4×12＝48ページとする。この本をBが読み終えるのにかかる日数は，48÷3＝16日間である。

累　乗

16　3^{60}の一の位はいくつか。

①1　②3　③5
④7　⑤9

順　列

17　[0], [1], [2], [3], [4], [5], [6]　のカードが1枚ずつある。これらのカードから5枚選んで5桁の整数を作ると，何通りできるか。

①360通り　②720通り　③1440通り
④2160通り　⑤5040通り

旅人算

18　AとBの二人が，1周3.5kmの池の周りを走った。同時に同じ場所を出発してそれぞれ反対の方向へ走ると10分で出会い，同時に同じ場所を出発して同じ方向へ走ると1時間10分後にAはBを追い抜いた。A，Bそれぞれがこの池を1周するのにかかる時間の差は約何分か。

①6分　②8分　③10分
④12分　⑤14分

解答

16…①　**17**…④　**18**…①

16 $3^1=3$, $3^2=9$, $3^3=27$, $3^4=81$, $3^5=243$, $3^6=729$, $3^7=2187$, $3^8=6561$, $3^9=19683$, …のようにみていくと，一の位の数は，3, 9, 7, 1, 3, 9, 7, 1, …のように4つの数字が同じ順番で繰り返し出現している。60は4で割り切れるので，3^{60}の一の位の数は1である。

17 万の位に入るカードは，[0]以外の6枚なので，6通りある。千の位，百の位，十の位，一の位に入るカードは，残りの6枚のカードから4枚選んで自由に並べられるので，${}_6P_4=6\times5\times4\times3=360$通り。よって求める答えは，6通り×360通り＝2160通りである。

18 Aの速度をa m/分，Bの速度をb m/分とすると，(a＋b) m/分×10分＝3500mと(a－b) m/分×70分＝3500mが成り立つ。連立させて解くと，a＝200m/分，b＝150m/分。Aがこの池を1周する時間は，3500m÷200m/分＝17.5分，Bがこの池を1周する時間は，3500m÷150m/分＝23.3分なので差は，23.3－17.5＝5.8≒6分である。

科目別常識問題

05 空間把握・資料解釈

空間把握

平面図形

1 A, B, Cの図形で右端の図をうめると，どのような図形が残るか。

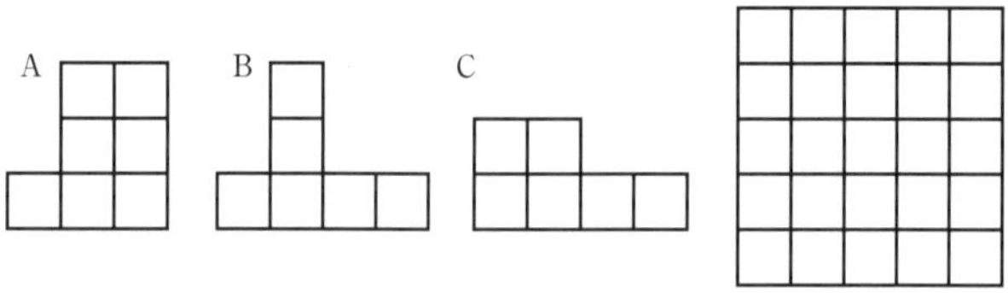

①Aと同じ形だけが残る。
②Bと同じ形だけが残る。
③Cと同じ形だけが残る。
④AとBと同じ形が残る。
⑤BとCと同じ形が残る。

解答

1 …②

1 完成図のマスは全部で25個，Aは7個，Bは6個，Cも6個で合計すると19個。あと6個足りないので，BかCの一つの形だけが残る。当てはめると次のようになる。

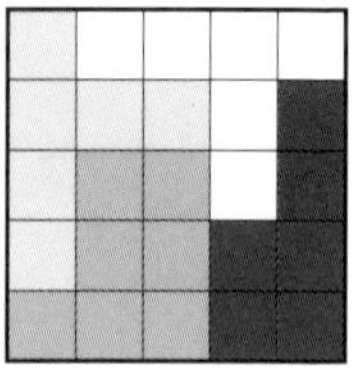

軌　跡

2 **下の図のように，正三角形ＡＢＣが直線上を滑ることなく転がったとき，正三角形の辺ＡＢ上の中点Ｐの描く軌跡として正しいものはどれか。**

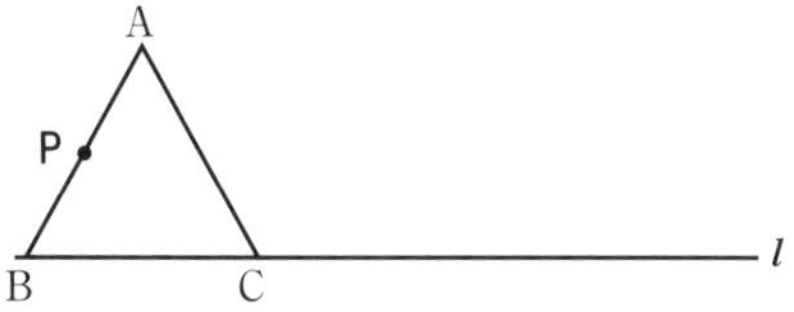

①

②

③

④

⑤

解答

2 …①

2 回転の中心は各頂点Ａ，Ｂ，Ｃの３か所で，半径は２種類なので，軌跡となる円弧は２種類しかない。はじめにＣを中心とする大きな円弧，次にＡ，Ｂを中心とする小さな円弧が２回の順となり，Ａを中心として回転したときＰは直線上にくる。

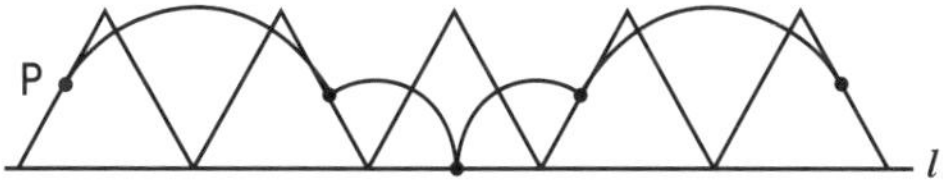

投影図

3 下の図は同じ大きさの立方体を積み上げてつくった立体の投影図である。このとき，立方体は少なくともいくつあるか。

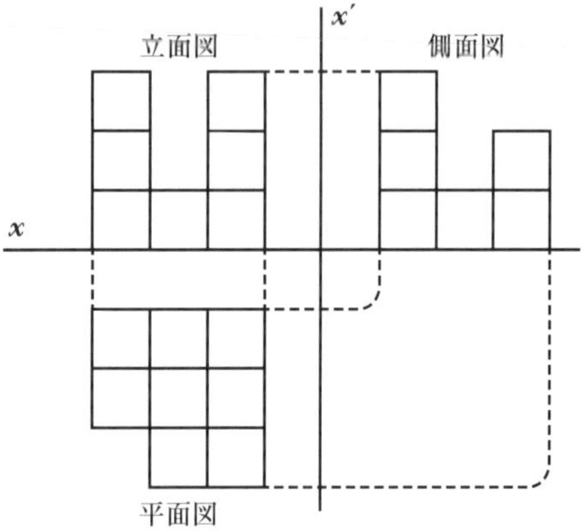

①12個　②13個　③14個
④15個　⑤16個

解答

3 …①

3 配置個数は次のようになる。×の部分は置かなくても平面図のようにみえる。
「少なくとも」は最少個数を要求している。

平面図…立体を上からみた図
立体図…立体を真正面からみた図
側面図…立体を横からみた図

3	1	3
1	×	1
	1	2

展開図

4 下の正八面体の展開図を組み立てたとき，頂点Pと重なる頂点はどこか。

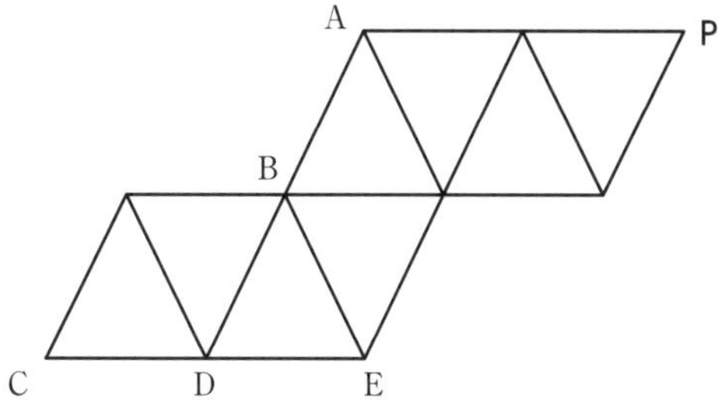

①A　　②B　　③C
④D　　⑤E

解答

4 …④

4 展開図を組み立てたとき，「重なり合う辺」同士を矢印で結ぶと右の図のようになる。
したがってPと重なる頂点はDである。

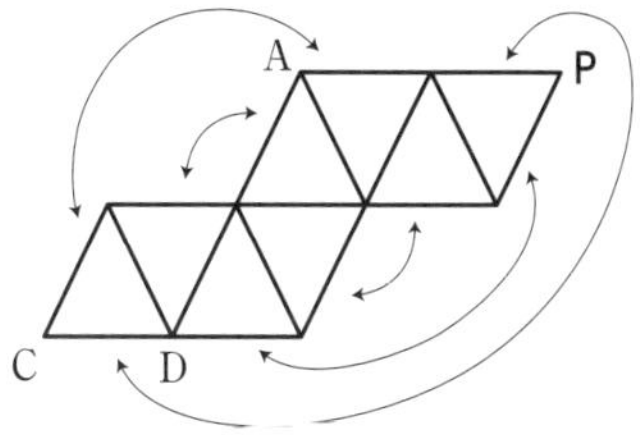

資料解釈

グラフ

1 図は，ある国の2014年の職業別所得および賃金の対1980年の倍率比較を示したものだが，この図から確実にいえることはどれか。

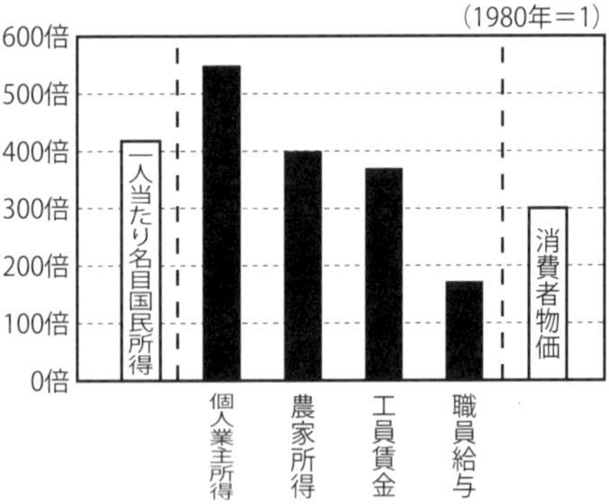

①職員の給与は消費者物価に追いつけず，赤字生活を余儀なくされている。
②農家と工員は職員にくらべ2倍ないしそれ以上の所得額を得ている。
③農家の平均所得額は国民の平均所得額より少し低い。
④個人業主の所得の倍率は職員の給与のそれの3倍に達する。
⑤職業別にみると，個人業主の所得額が最も高い。

解答

1 …④

1 ①両方とも額の実数値がないのでわからない。
②実数値がないので必ずしもそうとはいえない。
③平均所得額の実数値がないのでわからない。
⑤所得額に関する実数値はないのでわからない。

グラフ

2 次の図は，社員Xと社員Yの平成21 ～25年における営業成績を対前年増減率で表したものである。このとき確実にいえるものはどれか。

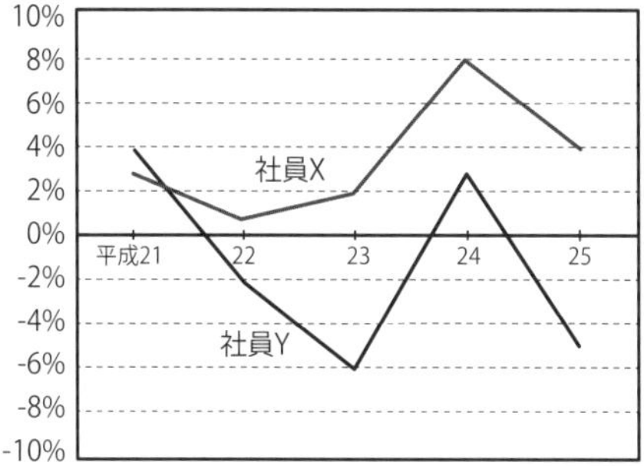

①社員Yをみると，この5年間では平成23年の営業成績が最も低かった。
②社員Xをみると，この5年間では平成24年の営業成績が最も高かった。
③社員Xをみると，この5年間では平成22年の営業成績が最も低かった。
④社員Xをみると，平成25年の営業成績は平成21年のそれより15%以上増加した。
⑤社員Yをみると，平成25年の営業成績は平成21年のそれよりも高かった。

解答

2 …④

2 ①最も低いのは平成25年である。
②平成25年に+4%となっているので，平成25年が最も高い。
③営業成績が最も低いのは平成21年である。
⑤近似計算として各年の増加率を足しても，10%低くなっている。

数　表

3 下表はA～Eの品種について，同じ条件で栽培した某植物の1株当たりの収穫量を表したものである。この表から正しくいえることは，次のうちどれか。

	A	B	C	D	E
初年度	30.1	36.4	42.2	38.6	37.9
次年度	38.4	39.5	37.3	39.2	34.4

①初年度より次年度の方がよくできた。
②品種によって，その年々の収量は変化しない。
③C品種はきわめて多収穫が期待できる品種である。
④D品種は収穫が最も不安定な不良品種である。
⑤次年度の収量別品種の差は，初年度のそれより少なかった。

数　表

4 A, B, C3人の事務員の勤務状況は下表の通りである。次のうち適当なものはどれか。

	稼働日数	出勤日数	欠勤日数	休暇日数
A	2,500	2,351	98	51
B	3,200	3,040	65	95
C	3,750	3,489	187	74

①休暇率最高の者　A　　欠勤率最低の者　A
②休暇率最高の者　A　　欠勤率最低の者　B
③休暇率最高の者　B　　欠勤率最低の者　B
④休暇率最高の者　B　　欠勤率最低の者　C
⑤休暇率最高の者　C　　欠勤率最低の者　C

解答

3 …⑤　　**4** …③

3 ①C，Eは次年度の方が収穫量は悪くなっている。
②品種により，その年々の収穫量は明らかに変化している。
③Cは初年度こそ最多だが，次年度はA，B，Dより減っている。
④Dは初年度と次年度の収穫量の差が少なく，安定している。

4 稼働日数から出勤日数を引くと出勤していない日数になる。これをもとに欠勤日数，休暇日数を計算する。

数　表

5 下表はある研究所で1年間にわたって，動物の種類とその発病との関係を調査した結果で，表に示されている数は，それぞれの種類の動物が，それぞれの病気にかかった数である。発病率について，この表からいえるのは次のうちのどれか。

種類	A	B	C	D	E
実際に供された数 ／ 病名	1,120	500	410	560	580
V	452	148	32	60	12
W	272	200	67	301	49
X	110	18	92	83	123
Y	128	120	105	35	77
Z	158	14	114	81	319

①V病に最もかかりにくいのはD種である。
②W病に最もかかりやすいのはB種である。
③X病に最もかかりにくいのはA種である。
④Y病に最もかかりやすいのはC種である。
⑤Z病に最もかかりやすいのはA種である。

解答

5 …④

5 動物のうち，「それぞれの病気にかかった数」を「実際に供された数」で割って比率を計算する。

数 表

6 下表は，有料道路の目的別区分一覧表である。この表から直接みちびくことのできない結論は次のどれか。

有料道路の目的別区分

目的別区分	箇所数	延長 (km)	建設費 (億円)
産　業	7	45	274
産業観光	9	115	105
観　光	3	27	17
合　計	19	187	396

①1km当たりの建設費が最も高いのは，産業道路である。
②最も長い道路は，産業観光道路の中に含まれている。
③1か所当たりの長さの平均が，有料道路全体の平均の長さに最も近いのは，観光道路である。
④1km当たりの建設費が最も安いのは観光道路である。
⑤1か所当たりの平均の長さが最も短いのは，産業道路である。

解答

6 …②

6 ②以外はいずれも計算可能である。「最も長い道路は，産業観光道路の中に含まれている」というのは，道路の内訳が表に無いため結論として導くことができない。

グラフ

7 図はA, B, C3工場の在職者の賃金実態を，ある年の4月1日現在で調査した結果である。全工場の20～24歳の在職者の1人当たり平均賃金は同額で，これを100として各年齢層の1人当たり平均賃金を示した。この図から確実にいえるのは次のどれか。

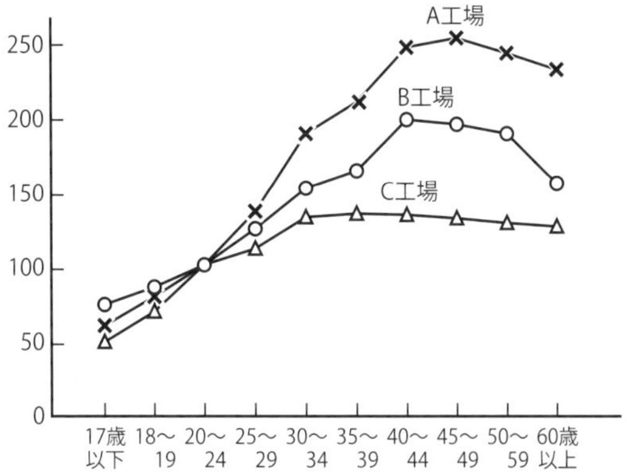

①在職者1人当たりの平均賃金をみると，18～19歳で最も高いのはB工場。
②工場全体の1人当たり平均賃金の最も高いのはA工場である。
③工場全体で支払う賃金総額の最も少ないのはC工場である。
④C工場の従業員は，だれでも35～39歳のときに退職すれば退職時の賃金が最も高い。
⑤B工場の1人当たり平均賃金をみると，40～44歳は17歳以下の3倍以上。

解答

7 …①

7 ②このグラフには各工場の人数がないので答えられない。
③②と同じく，人数がわからないので答えられない。
④このグラフは平均賃金なので，人により賃金の高低がありうる。
⑤約2.7倍なので3倍にはならない。

数　表

8 **次の表は，わが国の環境に対する満足度を構成比で示したものである。この表からみて，正しいものは下の①～⑤のうち，どれか。**

項目	該当者（人）	満足している（%）	不満である（%）	一概にいえない（%）	不明（%）	計（%）
下水道，ゴミ処理などの公共サービス	3,902	63	25	10	2	100
騒音，悪臭，大気汚染などの公害防止		63	26	9	2	100
日照（日あたり），通風（風とおし）		80	14	5	1	100
図書館，文化会館などの文化施設		37	34	15	14	100
買物，交通などの生活利便		68	24	7	1	100
遊び場，広場，公園，スポーツ施設など		42	38	12	8	100
自然公園		41	35	13	11	100
町なみ，美観など		51	25	19	5	100
治安，防災などの安全対策		50	26	16	8	100
保育所，病院などの福祉医療施設		51	32	12	5	100

①「遊び場，広場，公園，スポーツ施設など」に不満である人の実数は，約1,480人である。

②「日照（日あたり），通風（風とおし）」に満足している人の数は，それ以外の意見をもつ人の合計よりも約2,000人ほど多い。

③「図書館，文化会館などの文化施設」に満足している人の割合は，不満である人と一概にいえないとする人の構成比の合計の70%を下回っている。

④満足している人の構成比が2番目に低いのは「自然公園」であるが，これを実数で示すと約1,400人となる。

⑤「騒音，悪臭，大気汚染などの公害防止」について，満足していると答えた人と，不満であると答えた人の差は約2,440人である。

解答

8 …①

8 ②両者の差は約2,300人である。
③「満足」は，「不満」「一概にいえない」を足した分の約76%になる。
④「自然公園」の満足している人の実数は約1,600人である。
⑤満足している人と不満である人の差は，約1,443人である。

グラフ

9 次のグラフは1996年を100としたA国の公共投資の部門別構成比の変動である。このグラフからみて，正しいものは次の①～⑤のうちどれか。

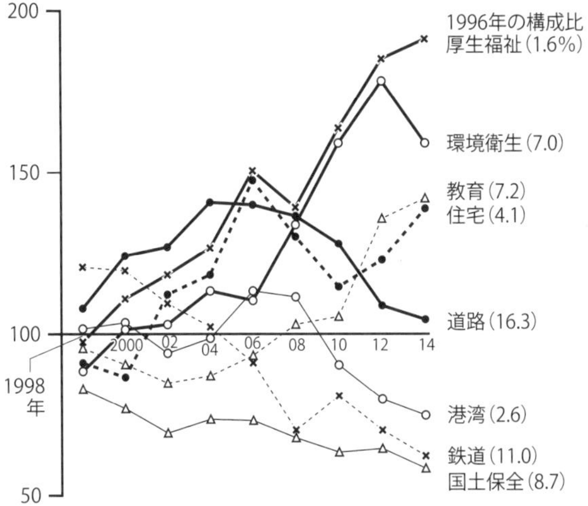

①鉄道，国土保全，道路，港湾の構成比は減少し，とくに鉄道の低下は顕著である。

②厚生福祉の構成比は一貫して伸びており，とくに2008年以降の伸びは著しい。

③教育投資の割合は，2007年以前は低かったが，それ以降の伸びは著しい。

④2000年代半ばから公共投資の重点は道路，港湾など産業基盤整備的性格の強いものから，厚生福祉，教育，環境衛生など生活基盤重視へと移っている。

⑤教育投資と住宅投資の間には相関関係がみられる。

解答

9 …③

9 ①誤り。道路は減少していない。

②誤り。1998年は減少している。

④誤り。道路は増え続けており，重点が置かれている。

⑤誤り。グラフから相関関係はみられない。

科目別常識問題

06 文章理解

要旨把握

1 東京の町を歩いて人の無作法な所業などを見てわたくしがちょっとまゆをひそめるのを，家人はわたくしがまるでしゃくにさわってたまらないという顔で町を歩いていると笑うのであった。それほどでもあるまいと思うが，多少でもそんなふうがあったとすれば，それは自分のいまいる場所は，自分の属する国土であり，都会であると思うからであった。ドイツに来た当座は，わたくしは何を見聞きしても，こういうものだと思う気持がさきで，べつにしゃくにさわるという感情を起こした覚えはなかった。ところが滞在が半年以上におよび，いろんな人にあってみると，わたくしはすこしずつここでもまゆをひそめるような心を経験することが多くなった。それは気持の離れというよりは，いつのまにかドイツを自分の身うちと思う心が根を張ったせいであろう。

上文でいっていることは，次のうちどれか。

①どんな国の国民にも無作法なことをする人は必ずあるものだ。
②その国の国民の無作法が不快に思えるのは，その国との一体感をもっているからである。
③一つの国に長く滞在していると，その国民の無作法な所業に不快を感ずるようになる。
④行った当座は，その国民の無作法があまり気にならないものだ。
⑤その国の国民の無作法が不快に思えるのは自分とその国との間に精神的な距離があるからである。

解答

1 …②

1 選択肢全体の内容から，無作法を不快に感じる理由を本文から読み取るとよい。「自分の属する国土であり，都会であると思うから」「自分の身うちと思う心が根を張ったせい」がそれに当たる。

空欄補充

2 文中の4つの□には，次のうちの4つがそれぞれ当てはまる。当てはまらないものはどれか。

電車に乗って空席をさがす，ふたりの間に□自分の腰かけられるだけの空間を見つけて腰をおろす。そういう場合，隣席の人が□身動きしてくれると，□相互のからだがなじみあい折りあってらくになる。しかし人によると□しゃちこばって木偶のように硬直して動かないのがある。

①自然に　②妙に　③確かに
④やっと　⑤少しばかり

下線部の意味

3 ぼくたちにとって，もはや日本への回帰はありえない。ヨーロッパ的なもの，つまりヨーロッパ的原理と区別しうるものをぼくたちの文学の中に発見し，それを孤立させながら，それをもし<u>ぼくたちの伝統</u>というならば，ぼくはそういう伝統に従うことにはとうてい承服できないし，また，そうした過程をへて編みだされたものが真に伝統の名に値するとはとても考えられない。第一，ぼくたちの宿命であるヨーロッパを避け，故意に無視する態度をとるのは今日に生きる文学者として，無責任，かつ卑怯（ひきょう）なもののなすところである。

下線部「ぼくたちの伝統」について筆者の考えと合致するものは，次のどれか。

①日本的なものではなく，ヨーロッパ文化の支配にある。
②伝統には日本的なものとヨーロッパ的なものと2つの種類がある。
③ヨーロッパの影響は表面的であり，本質は純粋に日本的なものである。
④ヨーロッパ的なものを除外した，純粋に日本的なものではありえない。
⑤現代において「伝統」を問題にするのは，ナンセンスである。

解答

2 …③　**3** …④

2「やっと…見つけて」,「少しばかり身動き」,「自然に…なじみあい」,「妙にしゃちこばって」。
3 筆者は今日の文学の伝統を「ヨーロッパ的原理と区別」して発見することに否定的である。

整　序

4 次の各語をつなぎ合わせると一つの文章になるが，その順序として最も適切なのは，下のどの組合せか。

(A) 今までに少なくないが
(B) とらえているかどうかは疑問であろう
(C) 日本の古都である
(D) それらがこの古都の姿をその真髄にふれて
(E) 京都の風物を紹介した案内書や写真集は

①(D) — (E) — (B) — (C) — (A)
②(B) — (A) — (D) — (C) — (E)
③(A) — (B) — (C) — (D) — (E)
④(C) — (E) — (A) — (D) — (B)
⑤(E) — (A) — (C) — (D) — (B)

要旨把握

5 書物がもつ危険ということがもしあるとするならば，それは書物の内容の良し悪しによる点よりも，読むことにばかり走って思索することを忘れてしまうことである。というのは，多く読むということは，必ずしも多く考えることを意味しないし，まして良く考えることを意味しない。むしろ，しばしば少なく考えることを意味するのである。

上文の要旨として正しいのは，次のうちどれか。

①書物は良書を選択して読むべきである。
②思考力を増すために，書物を読まない方がよい。
③思索を深めるために，できるだけ多く読むべきである。
④多く読むよりも，考えながら読むべきである。
⑤書物はその内容によってしばしば思考力を減退させる。

解答

4 …④　　**5** …④

4 (C) 日本の古都である (E) 京都の〜案内書や写真集は (A) 今までに少なくないが (D) それらがこの古都の姿をその真髄にふれて(B)とらえているかどうかは疑問であろう，の順。

5「多く読む≠多く考える」「読む<思索する」という主張が本文全体を通して読み取れる。

内容理解

6 積まれたままになっている本にしても，私はそれを読みたいと思ったから買ったのであって，それだけで私とその本との関係ははっきりと結ばれている。だれでもそうに違いない。本を読むことが仕事の一部分となっている私は何年も前に買ったままになっていた本を，思い出して役立てることはしばしばあるが，直接読書と仕事が結びついていない人でも，買っておいてよかったという本の役立て方は経験しているはずである。

上文の内容と一致しているものは，次のうちどれか。

①積まれたままの本はもう読みたくなくなった本だ。
②私と本の関係は読んではじめて成立する。
③本を読むことを仕事の一部とする人は，買った本をすぐ役立てる。
④何年も前に読んだ本が思い出されて役立つことはよくある。
⑤読書が仕事の一部でない人でも，買ったままの本が役立つことはある。

解答

6 …⑤

6 選択肢の内容が上文に書いてあるか見抜く。⑤のみ，最後の3行と一致する。

空欄補充

7 次の文章の(　　)内に共通にはいる適当な語を下から選べ。

人間性の擁護が（　　）の排斥になったということは，現代のパラドックスである。人間の人間である本質，それによって人間が動物から区別される特徴は（　　）であると古くは考えられていた。しかし現代では人間性を擁護するために(　　)が排斥されることになった。(　　)は人間の本性に属するよりもむしろこれを破壊するもののように見えてきたというのである。

①悟性　　②個性　　③知性
④感性　　⑤本能

内容理解

8 ロゴは，人類が牧畜をするようになった頃から使われた「焼印」から始まったといわれている。焼印を押すことで，家畜を飼育するときに，自分の家と他人の家の家畜を区別できるように，所有の証しとしたのである。

そしてだんだんと「あそこの焼印がついた家畜の肉は柔らかくておいしい」などと評価が加わるようになり，焼印は識別だけでなく，品質を保証する印にもなった。

上文の内容と一致しているのは，次のうちどれか。

①ロゴの起源は牧畜のための土地につけた印である。
②家によって家畜の種類が違うので印をつけた。
③焼印がついた家畜の肉は柔らかくておいしいと評価された。
④焼印は肉の品質の段階を表わすためのものだった。
⑤識別のための印が品質保証の役割も帯びるようになった。

解答

7…③　　**8**…⑤

7 常識的判断を求められる問題。人間と動物とを区別する特徴を知性に求める考え方は，アリストテレスを筆頭に長らく一般的であった。

8「焼印」について正答以外の選択肢は本文と一致しない。

内容理解

9 岩鼻やここにもひとり月の客

先師上洛のとき, 去来曰, 酒堂は此の句を「月の猿」と申し侍れど, 予は客勝りなんと申す, いかが侍るや。先師曰, 猿とは何事ぞ, 汝此の句をいかに思ひて作せるや。去来曰, 明月に山野を吟歩し侍るに, 岩頭ひとりの騒客を見付けたると申す。先師曰, ここにもひとり月の客と己と名乗り出でたらんこそ, 幾ばくの風流ならめ, ただ自称の句となすべし。此の句は我も珍重して笈の小文に書き入れけるとなん。

上文の句を, 先師といわれる人は次のどのように解釈した方がよいといっているか。

①岩頭で月をめでていると, あまりの美しさにまたひとり風流人が加わってきたことであるよ。
②月をめでながら散歩していくと, やはり岩頭にひとり月を見ている人をみつけたよ。
③岩頭で月をめでている人よ, ここにもひとり私という月を愛する風流人がおります。
④月をみながら歩いていくと, 岩頭に一匹猿が月をめでるかのようにすわっているよ。
⑤月をともにめでる人はいないものかと思っていると猿がその風流人であったよ。

解答

9 …③

9「先師曰」の直後に先師の解釈がある。「己と名乗り出たらん」「自称の句となすべし」とあるので, 自分のことを紹介する解釈が正答。

要旨把握

10 昔，男，いとうるはしき友ありけり，かた時さらずあひ思ひけるを，人の国へいきけるを，いとあはれと思ひてわかれにけり。月日へて，おこせる文に，「あさましう，えたいめんせで月日経にけること。忘れやし給ひにけむと，いたく思ひわびてなむ侍る。世の中の人の心は，目かるれば，忘れぬべきものにこそあめれ。」といへりければ，よみてやる。

目かるとも思ほえなくに忘らるる時しなければ面影に立つ

上文の趣旨は，次のうちどれか。

①みめうるわしい友は，引く手あまただから，離れて暮らすとどうも疎遠になりやすい。
②どのように親しい間柄でも，しっとの感情は禁物である。
③お互いの気持さえしっかりしていれば，長い間会わなくても少しも構わない。
④人のうわさというものはおそろしい力があり，どんな親しい間柄も，そのためにひびが入る。
⑤親友といえども長い間会わずにいれば，せめて手紙だけでもひんぱんにやり取りすべきだ。

解答

10 …③

10「　」内の手紙で男は友と会えないことを嘆いているが，それに対する友からの和歌には「私にはあなたと離れているとは思えません。あなたの幻が目の前に現れるので」とある。

内容理解

11 神無月の頃，栗栖野といふ所をすぎて，ある山里にたづね入ること侍りしに，遙かなる苔の細道をふみわけて，心細く住みなしたる庵あり。木の葉にうづもるる筧の雫ならでは，つゆおとなふものなし。閼伽棚に菊・紅葉など折り散らしたる，さすがに住む人のあればなるべし。かくてもあられけるよと，あはれに見るほどに，かなたの庭に大きなる柑子の木の，枝もたわゝになりたるが，まはりをきびしく囲ひたりしこそ少しことさめて，この木なからましかばと覚えしか。

上文の内容と一致しているものは，次のうちどれか。

①11月ごろに栗栖野という所を通った。
②遠く苔の細道を踏み分けて行くと，もの寂しい家があった。
③筧の雫の音しかしないので，その家にはだれも住んでいない。
④このような有様になって，と憐れんだ。
⑤庭のみかんの木が頑丈に囲われていたので，実を穫るのをやめた。

解答

11 …②

11 「遥かなる苔の～庵あり。」と全く一致する。「心細し」はもの寂しいという意味。

内容理解

12 うつくしきもの。瓜にかきたるちごの顔。雀の子の，ねず鳴きするにをどり来る。二つ三つばかりなるちごの，急ぎてはひ来る道に，いと小さき塵のありけるを目ざとに見つけて，いとをかしげなる指にとらへて，大人などに見せたる，いとうつくし。

上文で「かわいらしい」といわれているものは，次のうちどれか。

①瓜のような幼児　　②ねずみの鳴きまね
③二，三人の幼児　　④小さい塵
⑤幼児の行動

内容理解

13 Physicians tell us that in hospitals some patients die simply because they give up to their disease; while others get well, simply because they keep a strong will and do not surrender. Such power has the mind over the body.

上文から正しくいえることは，次のうちどれか。

①肉体も精神も強い者のみが生き残る。
②ある者は死に，ある者は生き残るが，それはその人間の肉体の強さによる。
③どんなに精神力が強くとも肉体の力に勝つことはできない。
④精神力は肉体に勝る力をもっている。
⑤強い肉体は必ず生き残る力をもっている。

解答

12 …⑤　　**13** …④

12「二つ三つばかりなるちごの～大人などに見せたる」に二，三歳くらいの幼児の行動が書かれている。「うつくし」はかわいらしいという意味。

13 Such power has the mind over the body.「肉体に勝るそのような力を精神はもっている」。suchを使ってpowerを強調しているため，語順が変わっている。

要旨把握

14 The circumstances of which so many complain should be regarded as the very tools with which we are to work. They are the wind and tide in the voyage of life, which the skilful mariner generally either takes advantage of or overcomes.

上文がいおうとしていることは，次のうちどれか。

①環境について不平をたくさんいう人の方が，人生航路で巧みな水夫になりうる素質がある。
②われわれが働くときに用いる道具は，航海において熟練した水夫が風や潮を利用するときに用いるものとは異なる。
③環境というものは利用するか，あるいは乗りきっていくものであって，不満のある環境を，人生においてわれわれが動かしている道具のようなものとしてみなすべきである。
④人生航路というものは，水夫が風や潮を乗りきっていくように簡単にいくものではない。
⑤環境に関しての不平が多いのは，人々が環境の中で働くための道具と考えているからである。

解答

14 …③

14 1文目が主張，2文目がその具体例という構造なので，1文目の内容をとらえているものが正答。circumstance「環境」，be regarded as ～「（主語を）～とみなす」。

要旨把握

15 What a lot of foreigners there are in London! When I travel on the buses I hear half the languages of Europe. London is full of people from all parts of the world during the summer. I've often stopped people in the street to ask the way and have found that they, like me, are not Londoners. Now, if I want help, I ask a policeman. The London policemen are always ready to help. Most of them are tall and goodlooking men.

上文では，夏のロンドンについて，どのようなことをいっているのか。

①道をたずねるのなら，警察官にたずねるのがよい方法である。
②道をたずねれば，だれでも親切に教えてくれる。
③街では外国人を多くみかけるが，なかでもアメリカ人が最も多い。
④道をたずねるときは英語を使わなくても，目的を達することができる。
⑤街で外国人から道をたずねられることが多くなった。

解答

15 …①

15 if I want help, I ask a policeman.「助けが必要となったら，私は警察官にたずねる」とある。

内容理解

16 An Arabian family lived in the desert. The family did not stay long in one place, but always moved around. They had many servants and a lot of things to carry around. One night a group of bad men came to their tent to rob. They could not find anything, so they took away the little girl. The father loved the girl very much. He loved her best of all. He ran after the bad men and said. "Give back my daughter! I will give you all my treasures, if you give her back to me."

上文から正しくいえることは，次のうちどれか。

①このアラビア人の父には財宝より娘の方が大切であった。
②このアラビア人の家族は父と少女のふたりであった。
③どろぼうは少女を連れ去ることがはじめからの目的であった。
④このアラビア人の家族は，一度どろぼうにはいられてから引越しをたびたびするようになった。
⑤召使いたちは主人の財宝をたくさん盗みだすことを企んだ。

解答

16 …①

16 本文最後の父のセリフ「私の娘を返せ！　もし彼女を返すなら，私の財宝をすべてお前にやろう」より，父は財宝より娘を優先している。

空欄補充

17 Suppose all the newspapers in the world were to cease to be issued for a month, and suppose there were no such things as radio and television, we should be (　　　) of daily happenings around us; nor could we have any information of what our government and other nation are doing.

上の(　　)内にはいる適当な語を選べ。

①afraid　②aware
③capable　④ignorant
⑤sure

整　序

18 A) We could scarcely live a single day without the help of others, nor could they live without our help.
B) Our present civilization depends entirely upon society.
C) Society is, then, a union for mutual help and protection.

上文A～Cを意味が通るように並びかえた順番として最も適当なのは，次のうちどれか。

①A→B→C　②A→C→B
③B→A→C　④B→C→A
⑤C→A→B

解答

17 …④　**18** …③

17 nor could we have any information「われわれはどんな情報を得ることもできないだろう」につながるのは，ignorant「無知の，知らないで」である。

18 初めにsocietyという語が使われているB，その次にhelpという語のあるA，最後にsocietyをhelpという語を使って説明しているCという流れが自然である。

毎年必ず出る重要事項

日本国憲法早わかり
国際連合機構図
雨温図・ハイサーグラフ
世界の土壌帯
ケッペンの気候区分
世界の首都・宗教・言語・輸出品など
世界の思想家
日本史・世界史年表
世界の作曲家
文学作家と作品
読み誤りやすい漢字
漢字の書き取り
四字熟語
ことわざ・格言
英語の基礎構文
数学の公式集

毎年必ず出る重要項目 01

日本国憲法早わかり

- **公布** 昭和21年11月3日
- **施行** 昭和22年 5 月3日
- **基本原理** 平和主義・基本的人権の尊重・主権在民
- **天皇の国事行為** 内閣の助言と承認により次の行為を行う（憲法3条）。①内閣総理大臣，最高裁判所の長官の任命（憲法6条1項及び2項）。②憲法改正，法律，政令，条約の公布（憲法7条1項）。③国会の召集（憲法7条2項）。④衆議院の解散（憲法7条3項）。⑤国会議員の総選挙の施行を公示（憲法7条4項）。⑥国務大臣及び法律の定めるその他の官吏の任免並びに全権委任状及び大使及び公使の信任状の認証（憲法7条5項）。⑦大赦，特赦，減刑，刑の執行の免除及び復権の認証（憲法7条6項）。⑧栄典の授与（憲法7条7項）。⑨批准書及び法律の定めるその他の外交文書の認証（憲法7条8項）。⑩外国の大・公使の接受（憲法7条9項）。⑪儀式を行うこと（憲法7条10項）。
- **基本的人権の尊重** 公共の福祉に反しない限り，立法その他の国政の上で最大限に尊重する（憲法13条）。
- **国民の三大義務** 勤労・納税・教育（を受けさせる）の義務（憲法27条1項，30条，26条2項）。→教育とは義務教育をさし，親権者等は子どもに義務教育を受けさせなければならない。
- **国会** 国権の最高機関で唯一の立法機関。衆議院と参議院で構成する（憲法41条，42条）。
- **選挙権** 成年者（公職選挙法9条1項）。→民法で満18歳以上を成人とし，2015年6月に成立した改正公職選挙法で，満18歳以上の者は衆参両議院の選挙権を有する，と定めている。
- **被選挙権** 衆議院議員は満25歳以上の男女（公職選挙法10条1項）。参議院議員は満30歳以上の男女（公職選挙法10条2項）。
- **国会議員の任期** 衆議院は4年。参議院は6年で，3年ごとに半数を改選（憲法45条，46条）。

- **常　　会** 毎年1回召集（1月中）する（憲法52条）。
- **臨　時　会** いずれかの議院の総議員の1/4以上の要求があるとき，内閣はその召集を決定しなければならない（憲法53条）。
- **特　別　会** 衆議院議員の総選挙の日から30日以内に召集する国会（憲法54条1項）。
- **緊急集会** 衆議院が解散し，参議院が閉会中に，緊急の必要があるとき，内閣は参議院の緊急集会を求めることができる（憲法54条2項）。
- **国会議員の定数** 衆議院議員は465名，参議院議員は248名。→憲法には定めがなく，公職選挙法によって定められている（公職選挙法4条1項および2項）。
- **法律案の議決** 両議院で可決したとき法律となる（憲法59条1項）。→これはあくまでも原則であり，以下のような衆議院の優越に注意すること。
- **衆議院の優越** 衆議院で可決し，参議院でこれと異なった議決をした法律案は，衆議院で出席議員の2/3以上の多数で再び可決したときは，法律となる（憲法59条2項）。また，予算は衆議院へ先に提出しなければならない〈予算先議権〉（憲法60条1項）。もし，参議院で衆議院と異なった議決をし，両議院協議会でも意見が一致しないとき，または参議院が，衆議院の可決した予算を受け取ったあと，国会休会中を除いて30日以内に議決しないときは，衆議院の議決を国会の議決とする〈条約の国会承認についても同じ〉（憲法60条2項）。
- **国政調査権** 両議院はおのおの国政に関する調査を行い，そのための証人の出頭，証言，記録の提出を要求できる（憲法62条）。
- **弾劾裁判所** 罷免の訴追を受けた裁判官を裁判するために，両議院議員で組織して設ける裁判所のこと（憲法64条1項）。→訴追は訴追委員会が行う。
- **行　政　権** 内閣に属する（憲法65条）。
- **内閣の組織** 首長たる内閣総理大臣とその他の国務大臣で組織する（憲法66条1項）。

- **内閣総理大臣の指名**　国会議員の中から国会の議決で指名する。これは他のすべての案件に先だって行う（憲法67条1項）。→両議院の議決が異なるときは衆議院の議決が国会の議決になる。ここにも衆議院の優越が認められる（憲法67条2項）。
- **国務大臣の任命と罷免**　内閣総理大臣の権限に属する。→国務大臣の過半数は，国会議員の中から選ばなければならない（憲法68条1項，2項）。
- **内閣不信任と解散・総辞職**　内閣は，衆議院で不信任案を可決または信任案を否決されたときは，10日以内に衆議院が解散されない限り，総辞職しなければならない（憲法69条）。
- **内閣の職権**　一般行政事務のほか，次の事務を行う。①法律を誠実に執行し，国務を総理する。②外交関係の処理。③条約の締結。④官吏に関する事務。⑤予算を作成し，国会に提出。⑥政令の制定。⑦大赦，特赦，減刑，刑の執行の免除及び復権の決定（憲法73条1～7項）。
- **司法権**　最高裁判所及び下級裁判所に属する（憲法76条1項）。
- **裁判官の独立**　裁判官は良心に従い，独立して職権を行い，憲法及び法律にのみ拘束される（憲法76条3項）。
- **合憲性審査権**　一切の法律，命令，規則または処分が憲法に適合するかしないかを決定する権限。最高裁判所はこの権限をもつ終審裁判所（憲法81条）。
- **最高裁判所の構成・国民審査**　長たる裁判官とその他の裁判官で構成し，長たる裁判官以外の裁判官は内閣で任命する。この任命は，その後初めて行われる衆議院議員総選挙の際，国民の審査に付し，その後10年を経過したのち初めて行われる衆議院議員総選挙の際，更に審査に付す（憲法79条1項，2項）。
- **予算**　内閣は毎会計年度の予算を作成し，国会の議決を受ける（憲法86条）。
- **憲法の改正**　両議院で各総議員の2/3以上の賛成で国会がこれを発議，国民に提案してその承認を経なければならない。この承認には特別の国民投票で，その過半数の賛成を要する（憲法96条1項）。

毎年必ず出る重要項目 02

国際連合機構図

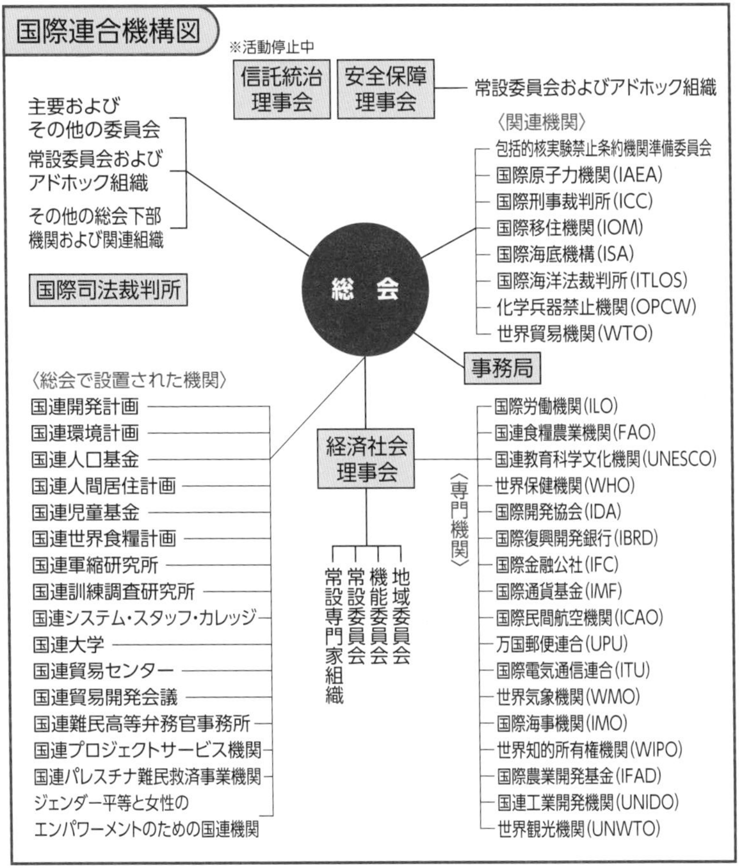

毎年必ず出る重要項目 03

雨温図・ハイサーグラフ

●ハイサーグラフ － 縦軸（気温），横軸（降水量）

	おもな特徴と分布地域
熱帯の気候	・気温の高い部分で，横長の針のような形になる。
乾燥帯の気候	・グラフが縦軸に接近する（縦に長い）。 ・BS は右に多少ふくらむ。
温帯の気候	・色々な形がある（下図を参照）。 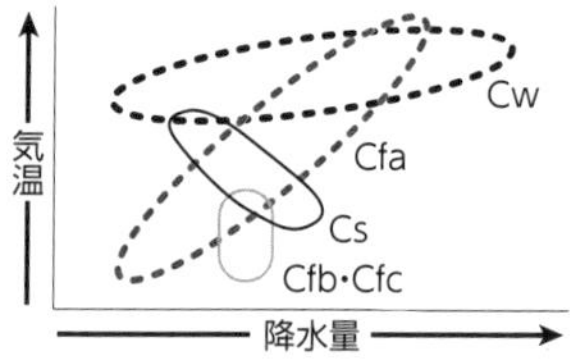
亜寒帯の気候	・気温の高～低の部分にかけて，縦に細長くのびる。
寒帯の気候	・左隅にまとまる（気温は非常に低い）。

●雨温図 － 棒グラフ（降水量），折れ線グラフ（気温）

地中海性気候の雨温図

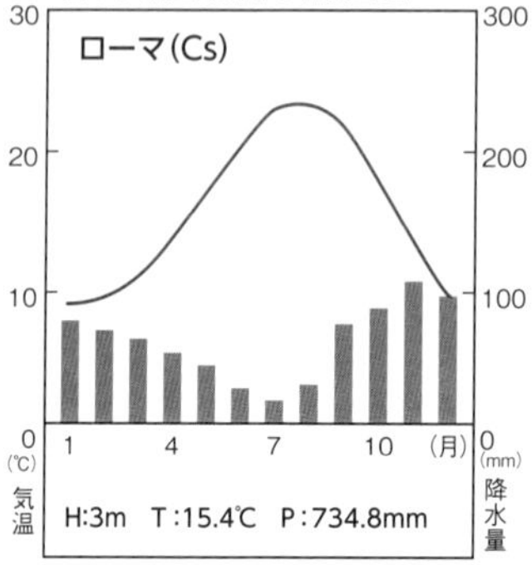

西岸海洋性気候の雨温図

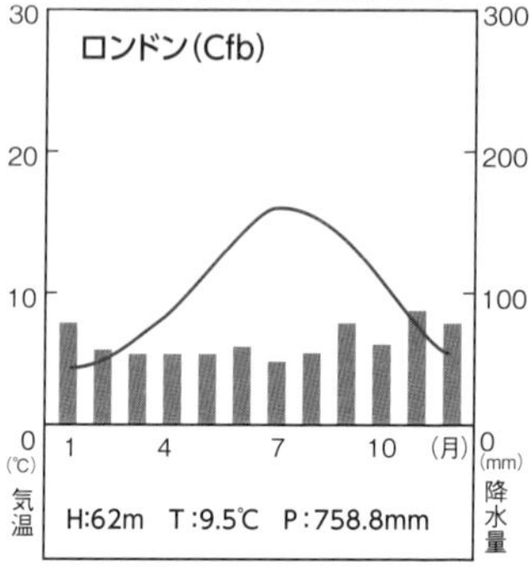

毎年必ず出る重要項目 04

世界の土壌帯

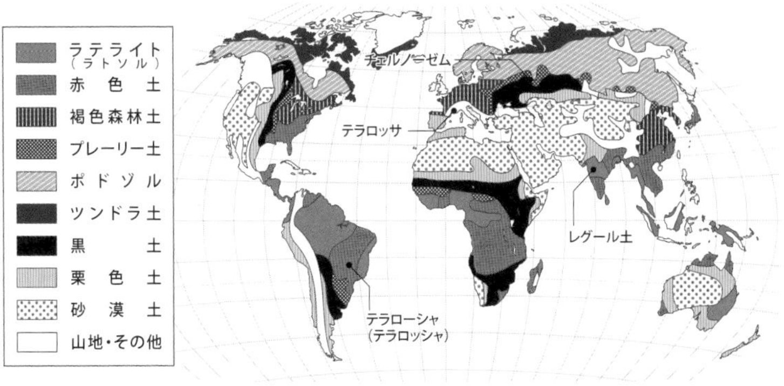

●成帯土壌 － 気候や植生の影響を強く受けて生成した土壌

	おもな特徴と分布地域
ラテライト（ラトソル）	・赤色，やせ地（農耕に適さない），熱帯雨林に分布。 ・ラトソルの表面が乾燥し，鉄分やアルミニウム分が地表に集積した土をラテライトという。
ポドゾル	・灰白色，酸性が強い。 ・亜寒帯（冷帯）のタイガに分布。
チェルノーゼム（黒土）	・黒色の肥沃土。 ・ウクライナなどに分布し，世界的な小麦地帯となっている。
プレーリー土	・黒色の肥沃土。 ・北アメリカ大陸のプレーリー，グレートプレーンズなどに分布。
褐色森林土	・暗黒色の肥沃土，亜熱帯（黄褐色），亜寒帯（淡褐色）。 ・温帯の混合林や落葉広葉樹地帯に分布。

●間帯土壌 － 母岩や地形の影響を強く受けた土壌（局地的に分布）

	おもな特徴と分布地域
テラロッサ	・赤褐色，石灰岩が風化して生成した土壌。 ・地中海沿岸に分布，オリーブやブドウなどの栽培に適する。
テラローシャ（テラロッシャ）	・赤紫色，玄武岩や輝緑岩が風化して生成した土壌。 ・ブラジル高原南部に分布，コーヒー栽培に適する。
レグール	・黒色の肥沃土，玄武岩が風化して生成した土壌。 ・デカン高原（インド）に分布，綿花栽培に適する。

毎年必ず出る重要項目 05

ケッペンの気候区分

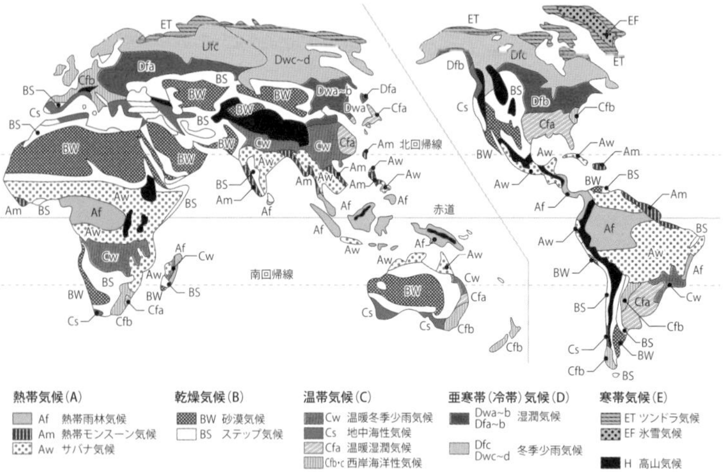

		おもな特徴と分布地域
熱帯気候(A)	熱帯雨林気候(Af)	●年中高温多雨。午後にはスコールがある。 ●熱帯雨林(セルバ＝アマゾン川流域, ジャングル＝アフリカ)。
		＜主な分布地域＞アマゾン川流域, 東南アジアの島々, コンゴ川流域など
	熱帯モンスーン気候(Am)	●多雨だが, 弱い乾季(季節風の影響)。
		＜主な分布地域＞インドシナ半島, 西インド諸島, フィリピン北部など
	サバナ気候(Aw)	●雨季と乾季が明瞭。雨季直前の春に最高気温となる。 ●丈の高い長草草原(サバナ)。
		＜主な分布地域＞Afより高緯度の地域, デカン高原, ブラジル高原など
乾燥気候(B)	砂漠気候(BW)	●気温の日較差が大きい。年降水量250mm以下。 ●オアシスに植生, 集落。
		＜主な分布地域＞中緯度高圧帯～大陸内部などの地域に分布
	ステップ気候(BS)	●少量の降雨(短い雨季＝短絡的な降水)。 ●丈の短い草原(ステップ)。
		＜主な分布地域＞BWの周辺部, サハラ砂漠周辺, 中央アジアなど

		おもな特徴と分布地域
温帯気候（C）	温暖冬季少雨気候（Cw）	●夏は高温多雨，冬は少雨（季節風の影響）。
		<主な分布地域>Awに接して分布，華南，インド北部，ブラジル南西部など
	地中海性気候（Cs）	●夏は高温乾燥，冬は湿潤（偏西風の影響）。 ●オリーブやコルクガシなどの耐乾性の硬葉樹が多い。
		<主な分布地域>中緯度の大陸西岸，地中海沿岸，カリフォルニアなど
	温暖湿潤気候（Cfa）	●夏は高温湿潤，冬は寒冷乾燥。四季の変化が明瞭。
		<主な分布地域>中緯度の大陸東岸，東アジア（日本，華中）など
	西岸海洋性気候（Cfb・Cfc）	●夏も冬も温和（偏西風と暖流の影響）。 ●年中平均した降雨（偏西風の影響）。
		<主な分布地域>中・高緯度の大陸西岸，西ヨーロッパなど
亜寒帯（冷帯）気候（D）	亜寒帯（冷帯）湿潤気候（Dwa～b・Dfa～b）	●気温の年較差が大きい。 ●年間平均した降水（偏西風の影響）。 ●北部は針葉樹林（タイガ）が分布。
		<主な分布地域>ロシア（モスクワ），アラスカ，カナダ，日本（札幌）など
	亜寒帯（冷帯）冬季少雨気候（Dfc・Dwc～d）	●気温の年較差は最大，北半球の寒極。 ●夏は多雨，冬は乾燥（季節風の影響）。 ●北部は針葉樹林（タイガ）が分布。
		<主な分布地域>シベリア東部（ハバロフスク）など
寒帯気候（E）	ツンドラ気候（ET）	●最暖月の平均気温が0℃以上10℃未満。 ●短い夏に地表の氷が融け，コケ類が生育。 ●イヌイットなどの北方少数民族が生活。
		<主な分布地域>北極海沿岸，アラスカ最北部（バロー）など
	氷雪気候（EF）	●最暖月の平均気温が0℃未満。 ●年中氷雪におおわれ，植物の自生はない。
		<主な分布地域>グリーンランド内陸，南極大陸など
高山気候（H）	高山気候（H）	●標高2000m以上の高地の気候。 ●本来のケッペンの気候区分にはなく，後に加えられた。
		<主な分布地域>ヒマラヤ，ロッキー，アンデス，チベット高原など

毎年必ず出る重要項目 06

世界の首都・宗教・言語・輸出品など

国名	首都	宗教・言語	輸出品・その他
●東・東南アジア			
中国	北京(ペキン)	仏教, 道教 中国語	機械類, 衣類
韓国	ソウル	仏教, キリスト教 韓国語	機械類, 自動車
タイ	バンコク	仏教 タイ語	機械類, 自動車
マレーシア	クアラルンプール	イスラム教 マレー語	機械類, 石油製品 ブミプトラ政策
シンガポール	シンガポール	仏教 英語, 中国語, マレー語	機械類, 石油製品
インドネシア	ジャカルタ	イスラム教 インドネシア語	石炭, パーム油
フィリピン	マニラ	キリスト教 フィリピン語, 英語	機械類, 建築用木工品
ベトナム	ハノイ	仏教 ベトナム語	機械類, 衣類 ドイモイ政策
●南・西アジア			
インド	ニューデリー	ヒンドゥー教 ヒンディー語	石油製品, 機械類 カースト制度, カシミール紛争
パキスタン	イスラマバード	イスラム教 ウルドゥー語	繊維品, 衣類 カシミール紛争
バングラデシュ	ダッカ	イスラム教 ベンガル語	衣類, 繊維品
スリランカ	スリジャヤワルダナプラコッテ	仏教 シンハラ語	衣類, 茶
サウジアラビア	リヤド	イスラム教 アラビア語	原油, 石油製品 イスラム教の聖地メッカ
イラン	テヘラン	イスラム教(シーア派) ペルシア語	石油, 天然ガス
イラク	バグダッド	イスラム教 アラビア語	原油
イスラエル	エルサレム	ユダヤ教 ヘブライ語	ダイヤモンド, 機械類 パレスチナ問題
●アフリカ			
エジプト	カイロ	イスラム教 アラビア語	原油, 石油製品 アスワンハイダムの灌漑
ナイジェリア	アブジャ	イスラム教, キリスト教 英語	原油, 液化天然ガス アフリカ最大の人口
ガーナ	アクラ	キリスト教, イスラム教 英語	金, 原油, カカオ豆 ヴォルタ川流域の総合開発
ケニア	ナイロビ	キリスト教 英語, スワヒリ語	茶, 園芸作物 ホワイトハイランド
南アフリカ	プレトリア	キリスト教 英語, アフリカーンス語	自動車, 機械類, 白金族 アパルトヘイトの廃止 BEE政策(黒人経済力強化政策)

国　名	首　都	宗教・言語	輸出品・その他
●ヨーロッパ			
イギリス	ロンドン	イギリス国教会 英 語	機械類, 自動車 世界初の産業革命
ドイツ	ベルリン	プロテスタント ドイツ語	機械類, 自動車 ルール工業地帯
フランス	パリ	カトリック フランス語	機械類, 航空機, 自動車 西欧最大の農業国
イタリア	ローマ	カトリック イタリア語	機械類, 自動車
スペイン	マドリード	カトリック スペイン語	自動車, 機械類
スウェーデン	ストックホルム	スウェーデン国教会 スウェーデン語	機械類, 自動車
デンマーク	コペンハーゲン	プロテスタント デンマーク語	機械類, 医薬品
スイス	ベルン	カトリック プロテスタント 独語, 仏語, 伊語	金 (非貨幣用), 医薬品, 機械類 永世中立国
オランダ	アムステルダム	カトリック プロテスタント オランダ語	機械類, 石油製品 ポルダー 園芸農業
ロシア	モスクワ	ロシア正教 ロシア語	原 油, 石油製品, 天然ガス 国土面積世界１位
●南北アメリカ			
アメリカ合衆国	ワシントンD.C.	プロテスタント カトリック 英 語	機械類, 自動車, 石油製品
カナダ	オタワ	カトリック, プロテスタント 英 語, 仏 語	自動車, 原 油, 機械類 国土面積世界2位
メキシコ	メキシコシティ	カトリック スペイン語	機械類, 自動車 銀の産出国 (世界１位)
キューバ	ハバナ	カトリック スペイン語	ニッケル, 化学製品
ブラジル	ブラジリア	カトリック ポルトガル語	大豆, 機械類 コーヒー豆栽培
アルゼンチン	ブエノスアイレス	カトリック スペイン語	植物性油かす, 自動車 湿潤パンパ, 乾燥パンパ
ペルー	リマ	カトリック スペイン語	銅 鉱, 金 (非貨幣用) 水産業, インカ帝国
チリ	サンティアゴ	カトリック スペイン語	銅, 銅 鉱, 野 菜, 果 実 銅の産出国 (世界１位)
コロンビア	ボゴタ	カトリック スペイン語	原 油 コーヒー豆栽培
ベネズエラ	カラカス	カトリック スペイン語	原 油, 石炭, 石油製品 マラカイボ油田
●オセアニア			
オーストラリア	キャンベラ	キリスト教 英 語	鉄鉱石, 石 炭 白豪主義 → 多文化社会
ニュージーランド	ウェリントン	キリスト教 英 語	酪農品, 肉 類 北島 (酪農), 南島 (牧羊)

毎年必ず出る重要項目 07

世界の思想家

生年		
B.C.551頃	孔子 （〜479）	中国春秋時代の思想家。儒教の祖。『論語』は孔子の言行を弟子たちが記録したもの。
469頃	ソクラテス （〜399）	古代ギリシアの哲学者。「無知の知」を自覚させ，問答法で普遍的真理を獲得させることを目指した。「知徳合一」「知行合一」「福徳一致」により善く生きることを説いた。著書は残さなかったが，弟子のプラトンによってソクラテスの思想が書き残された。
463頃	ブッダ （〜383頃）	仏教の開祖。ブッダとは覚者の意味。本名はガウタマ＝シッダルタ。バラモン教を批判して，心の平安を得るための八正道の実践を説いた。
427	プラトン （〜347）	古代ギリシアの哲学者。ソクラテスの弟子。イデア論により，永遠不滅のイデア界があると説いた。イデアを得た哲人が統治する国こそ理想国家であると考えた。『パイドン』『国家』
384	アリストテレス （〜322）	古代ギリシアの哲学者。プラトンの弟子。プラトンのイデア論を批判し，現実主義の哲学を説いた。『自然学』『形而上学』『ニコマコス倫理学』『詩学』
372頃	孟子 （〜289頃）	中国戦国時代の儒教の思想家。孔子の思想を継承。性善説を説いた。『孟子』
342頃	エピクロス （〜271頃）	ヘレニズム時代のギリシアの哲学者。人生の目的は快楽にあり，快楽の最高は，迷信や死の恐怖から解放された平静な精神状態にあると唱えた。快楽主義。
335	ゼノン （〜263）	ヘレニズム時代のギリシアの哲学者。ストア派の祖。禁欲主義。理性によって感情や欲望を抑制することを説いた。
4頃	イエス＝キリスト （〜A.D.30頃）	キリスト教の祖。ユダヤ教の律法主義を批判し，神の愛にならって，隣人を愛することを説いた。
A.D.354	アウグスティヌス （〜430）	古代キリスト教会最大の神父。キリスト教会の教義の確立に努めた。『神の国』『告白』
1483	ルター （〜1546）	ドイツの宗教改革者。聖書中心主義を唱え，聖書のドイツ語訳やプロテスタント教会の組織化などを行った。

1533	モンテーニュ（〜 1592）	フランスの思想家，随筆家。モラリスト。懐疑主義の立場に立ち，寛容の精神と感謝の気持ちで，喜びをもって人生を享受すべきと説いた。
1561	フランシス・ベーコン（〜 1626）	イギリスの哲学者，政治家。経験論の先駆者。4つのイドラ（偏見や先入観）の排除と，帰納法による自然認識を説いた。『ノヴム・オルガヌム』
1588	ホッブズ（〜 1679）	イギリスの哲学者，政治学者。主著『リバイアサン』で社会契約論にもとづく絶対王政を擁護した。
1596	デカルト（〜 1650）	フランスの哲学者。近代合理論の創始者。疑いえない事実として，自分が疑っているということに到達し，「我思う，ゆえに我あり」と唱えた。物心二元論を確立。演繹法により，普遍的命題から真理を導こうとした。『方法序説』『哲学原理』『情念論』
1623	パスカル（〜 1662）	フランスの哲学者，数学者，物理学者。宇宙にくらべると人間は無力だが，考える葦として偉大であり，苦悩に満ちた地上の秩序を超えた神の愛があることを説いた。『パンセ』
1632	ロック（〜 1704）	イギリスの哲学者，政治学者。経験論の代表者。立法権，行政権，連合権（同盟権）の三権分立を主張。『統治論』
〃	スピノザ（〜 1677）	オランダの哲学者。自然を無限の実体である神のあらわれとする汎神論を説いた。『エチカ』
1689	モンテスキュー（〜 1755）	フランスの啓蒙思想家。主著『法の精神』で法律制度と自然的・社会的条件との関連を追求し，また行政・立法・司法の三権分立が民主政治に必要なことを説いて，アメリカ合衆国憲法およびフランス革命に影響を与えた。思想上ではロックの影響を受けた。
1712	ルソー（〜 1778）	フランスの啓蒙思想家。自由で平等な自然状態を取り戻すべく，「自然に帰れ」と主張。人民主権思想を確立した「社会契約論」はフランス革命に大きな影響を与えた。『人間不平等起原論』
1723	アダム・スミス（〜 1790）	イギリスの経済学者，哲学者。古典派経済学の祖。自由主義経済を理論づけた。『諸国民の富』『道徳感情論』

1724	カント（～1804）	ドイツの哲学者。ドイツ観念論の祖。批判哲学を確立。対象が意識を規定するのではなく，意識が対象を規定すると説いた。『純粋理性批判』『実践理性批判』『判断力批判』『道徳形而上学原論』
1748	ベンサム（～1832）	イギリスの哲学者，法学者。功利主義の確立者。「最大多数の最大幸福」の実現を説いた。『道徳及び立法の諸原理序説』
1770	ヘーゲル（～1831）	ドイツの哲学者。ドイツ観念論の完成者。弁証法を確立。「世界史とは，自由の意識の進歩である」と唱えた。『精神現象学』『法の哲学』『歴史哲学』
1771	ロバート・オーウェン（～1858）	イギリスの空想的社会主義者。協同組合や労働組合運動を指導し，労働者の地位向上や女性・児童の保護に取り組んだ。『新社会観』
1813	キルケゴール（～1855）	デンマークの思想家。ヘーゲルの客観的・抽象的な哲学体系を批判し，実存哲学と有神論的実存主義を確立した。『死に至る病』
1818	マルクス（～1883）	ドイツの経済学者，哲学者。科学的社会主義の創始者。エンゲルスとともに唯物史観により，社会主義革命を実現して階級対立のない社会へ進展させることを説いた。資本主義社会を批判し，終生，国際的社会主義運動のためにつくした。『共産党宣言』（エンゲルスと共著）『経済学批判』『資本論』
1820	エンゲルス（～1895）	ドイツの社会主義者，経済学者。マルクスと親交が厚く，マルクスの死後は『資本論』の続刊に従事。
1842	ウィリアム・ジェームズ（～1910）	アメリカの哲学者，心理学者。パース（1839～1914）が創始したプラグマティズム（実用主義）を発展させた。真理の有用性について，真理は行動で検証され，人間が生きていく上で役立つものでなければならないと説いた。『プラグマティズム』
1844	ニーチェ（～1900）	ドイツの哲学者。実存主義の先駆者の一人。キリスト教的倫理思想を弱者の奴隷道徳とし，強者の自律的道徳である貴族道徳・主人道徳を説いた。この道徳の人を「超人」と呼び，これを生の根源にある「権力への意志」の権化とみた。『ツァラトゥストラはこう語った』『善悪の彼岸』

1856	フロイト（～1939）	オーストリアの医学者。精神分析学の創始者。人間の無意識の欲望が心身に影響を与えていると説いた。『精神分析学入門』『夢判断』
1859	デューイ（～1952）	アメリカの哲学者，教育学者。プラグマティズムの大成者。学問や知識は行動に役立つ道具であるとする「道具主義」を説いた。『人間性と行為』『民主主義と教育』
1866	孫《そん》　文《ぶん》（～1925）	中国の民族主義者，革命家。辛亥革命の指導者。三民主義（民族主義・民権主義・民生主義）を唱え，中国の民主主義革命を指導した。『三民主義』
1879	アインシュタイン（～1955）	ユダヤ系ドイツ人。理論物理学者。「相対性理論」を提唱。平和運動や核兵器禁止運動に取り組んだ。
1883	ヤスパース（～1969）	ドイツの哲学者。有神論的実存哲学を説いた。キルケゴールやニーチェの影響を受けた。死，苦，争い，負い目などの限界状況を通し，自己の実存を明らかにして，他者との実存的交わりが実現することを説いた。
1889	ハイデッガー（～1976）	ドイツの哲学者。キルケゴールの影響を受け，フッサールに学び，実存主義に立脚した『存在と時間』を発表した。
1905	サルトル（～1980）	フランスの文学者，哲学者。実存主義の立場から，「実存は本質に先立つ」「人間は自由の刑に処せられている」と説いた。『嘔吐』『自由への道』『存在と無』

日本史・世界史年表

太字は重要項目

	日本史		世界史	
時代	西暦	政治・経済・社会	西暦	政治・経済・社会
B.C.		紀元前1万年頃より縄文文化（新石器時代）	B.C.3000頃	エジプト統一国家の形成
			B.C.2300頃	インダス文明
			B.C.2000頃	古バビロニア王国
			B.C.1800頃	ハムラビ法典制定
			B.C.1500頃	殷王朝
			B.C.1100頃	周王朝
			B.C.1000頃	バラモン教の成立
			776	第1回オリンピアの祭典
			770	周の東遷，東周時代（～403）
		前4世紀頃　水田耕作始まる	551	孔子生まれる（～479）
			451	十二表法（ローマ最古の成文法）
		弥生文化（青銅器時代，鉄器時代）	前5世紀頃	仏教成立
			403	中国戦国時代（～221）
			247	**始皇帝（秦王政）の即位**
			221	**秦，中国を統一**
			202	**前漢成立**
			133	グラックス兄弟の改革（ローマ）
			44	カエサル（シーザー）暗殺される
A.D.			**8**	**前漢滅亡，王莽，新を建国（～23）**
			25	**後漢成立（～220）**
			30頃	キリスト処刑される
弥生時代	57	倭の奴国王，後漢に朝貢，印綬を受ける（「漢委奴国王」の金印）	64	皇帝ネロ，キリスト教徒を迫害
			96	**ローマ五賢帝時代（～180）**
			220	**後漢滅亡，**魏・呉・蜀の三国分立
			224	ササン朝ペルシア成立（～651）

大和時代	239	邪馬台国の卑弥呼，魏に朝貢	280	晋，中国を統一（～316）
		親魏倭王の称号を受ける	**313**	**ミラノの勅令（ローマ帝国におけるキリスト教公認）**
	3世紀頃	ヤマト政権，全国を統一		
			4世紀半ば	朝鮮に高句麗・百済・新羅の三国並立（～7世紀後半）
			375	ゲルマン人の大移動開始
	421～502	倭の五王，中国の南朝に朝貢	**395**	**ローマ帝国，東西に分裂**
			420	宋成立（南朝）（～479）
		数多くの古墳が築造される	439	北魏，華北を統一（北朝）
			476	**西ローマ帝国滅亡**
	538	仏教の伝来（一説に552）	**527**	**東ローマ皇帝ユスティニアヌス1世（大帝）即位（～565）**
			570頃	ムハンマド生まれる（～632）
	593	聖徳太子，摂政となる	**589**	**隋，中国を統一（～618）**
	603	聖徳太子，冠位十二階を制定		
	604	聖徳太子，憲法十七条を制定		
	607	小野妹子，遣隋使となる	7世紀前半	ムハンマドのイスラム教成立
	645	中大兄皇子と中臣鎌足，蘇我氏を滅ぼし，新政権を樹立	**618**	**隋滅亡，唐成立（～907）**
		はじめて年号を制定，大化元年とする（大化改新）		
	652	**班田収授法**	661	ウマイヤ朝成立（～750）
	663	白村江の戦い　倭と百済は，唐・新羅に敗退		
	672	大海人皇子，壬申の乱に勝つ	676	新羅の朝鮮半島統一なる
	683頃	富本銭鋳造		
	701	**大宝律令**		
	708	和同開珎鋳造		
奈良時代	710	平城京に遷都		
	718	**藤原不比等により養老律令が成立**		
	723	**三世一身法**		
	741	国分寺建立の詔		
	743	**墾田永年私財法**	750	ウマイヤ朝滅亡　アッバース朝成立（～1258）
			755	唐，安史の乱（～763）
	752	東大寺大仏開眼供養	768	フランク王国のカール大帝即位（～814）
			780	唐，両税法施行
			786	アッバース朝のカリフ，ハールーン・アッラシード即位（～809）
	794	平安京へ遷都		
	802	征夷大将軍・坂上田村麻呂，奥州を鎮圧		アッバース朝の全盛期
	804	最澄・空海，唐へ渡る		
	810	**嵯峨天皇が蔵人頭を設置**		
	9世紀初め	嵯峨天皇が検非違使を設置		

平安時代	**858**	**藤原良房,摂政となる**	862	リューリク,ノヴゴロド王国建設(ロシアの起源)
	884	**藤原基経,関白となる**		
			907	**唐滅亡,**五代十国成立(～979)
	894	菅原道真の建議で遣唐使廃止	**960**	**宋(北宋)成立(～1127)**
	939	承平・天慶の乱(～941)	**962**	**神聖ローマ帝国,オットー1世の戴冠により成立(～1806)**
	10~11世紀	摂関政治		
	902から	荘園整理令(～1069)	1010	李朝大越国成立(～1225)
	1051	前九年の役(～1062)	1038	セルジューク朝成立(～1194)
	1083	後三年の役(～1087)	1070頃	北宋,王安石の改革
	1086	**院政の始まり**	1077	カノッサの屈辱
	1156	**保元の乱**	**1096**	**第1回十字軍(～1099)**
	1159	**平治の乱**	1127	南宋の成立(～1279)
	1167	平清盛,太政大臣になる	12世紀頃	アンコール・ワット建設
	1180	源頼政,以仁王を奉じて挙兵 各地で源氏挙兵		
	1184	源頼朝,鎌倉に公文所・問注所を設置		
鎌倉時代	**1185**	源義経,壇ノ浦で平氏滅ぼす **源頼朝,守護・地頭を設置** **鎌倉幕府の確立(他に1192など)**		
	1191	頼朝,公文所を政所と改める	1206	インド,奴隷王朝成立(～1290) モンゴル帝国(チンギス・ハン即位)
	1192	**頼朝,征夷大将軍となる**		
	1219	源実朝が暗殺される		
	1221	承久の乱,六波羅探題設置	1215	イギリス,マグナ・カルタ制定
	1232	**北条泰時,御成敗式目を制定**	1241	モンゴルのバトゥ,ワールシュタットの戦いに勝つ。ドイツ・ポーランド諸侯連合軍の敗北
	1274	**文永の役**	**1271**	**元,成立(～1368)**
	1281	**弘安の役**	1295	イギリスで模範議会
	1297	永仁の徳政令	**1299**	オスマン帝国成立(～1922)
	1321	後醍醐天皇の親政,記録所の設置	13世紀末頃	**マルコ・ポーロの『東方見聞録』なる**
	1333	新田義貞,鎌倉幕府を倒す		
南北朝時代	1334	建武の新政	1339	英仏百年戦争(～1453)
	1338	**足利尊氏,征夷大将軍になる** **室町幕府の創設**	1356	神聖ローマ皇帝カール4世により金印勅書発布
	1342	足利尊氏,天龍寺船を元に送る	**1368**	**元滅亡,明成立(1644)**
室町時代	1392	南北朝の合一	1378	教会大分裂(～1417)
	1398	**三管領・四職を制定**	1392	高麗滅亡,朝鮮成立(～1910)
	1404	**明との貿易,勘合貿易**	1429	ジャンヌ・ダルク,オルレアンの包囲を破る(百年戦争後期)
	1428	正長の徳政一揆		
	1467	**応仁の乱(～1477)**	1453	東ローマ帝国,オスマン帝国により滅亡
	1485	山城の国一揆	**1488**	**バルトロメウ・ディアス,アフリカ大陸南端の喜望峰を発見**
	1488	加賀の一向一揆		

室町時代			**1492**	**コロンブス,バハマ諸島に到達**
			1498	**バスコ・ダ・ガマ,インド西岸のカリカットに到達**
			1517	**ルター,宗教改革**
			1519	**マゼランの一行が世界一周(〜1522)**
			1524	ドイツ農民戦争(〜1525)
	1543	**種子島に鉄砲伝来**	1526	ムガル帝国成立(〜1858)
	1549	**ザヴィエル,キリスト教伝える**	1533	インカ帝国滅亡
	1573	**織田信長,足利義昭を破り,室町幕府滅亡**	1534	イエズス会成立
			1541	**カルヴァン,宗教改革**
安土・桃山時代	**1582**	**豊臣秀吉,太閤検地を行う**	1556	ムガル帝国,アクバル大帝即位(〜1605)
	1588	豊臣秀吉,刀狩を行う	1572	サンバルテルミの虐殺
	1590	豊臣秀吉,全国を統一(小田原征伐)		
	1592	秀吉,朝鮮に出兵(文禄の役〜1593)	1598	フランスのアンリ4世がナントの勅令を発布,ユグノー戦争終結
	1597	秀吉,再度朝鮮に出兵(慶長の役〜1598)		
	1600	**関ヶ原の戦い,徳川家康勝つ**	1600	イギリス,東インド会社設立
江戸時代	**1603**	**家康,征夷大将軍となり,江戸幕府を開く**		
	1615	**家康,豊臣秀頼を大坂の役で破り,全国を統一**	**1616**	**後金(清)成立(〜1912)**
			1618	**三十年戦争(〜1648)**
		武家諸法度・禁中並公家諸法度を制定	1621	オランダ,西インド会社設立
	1616	ヨーロッパ船の寄港地を平戸と長崎に制限	**1628**	**イギリス,権利の請願**
			1640	**ピューリタン革命(〜1649)**
	1635	日本人の出帰国を禁止	1643	ルイ十四世の治世(〜1715)
	1637	島原の乱(〜1638)	**1644**	**李自成の乱,明滅亡**
	1641	**鎖国の完成**	1651	イギリス,航海法発布
		寺請制度,踏絵でキリシタン弾圧	1673	清で三藩の乱(〜1681)
	1651	由井正雪の乱	**1688**	**イギリスの名誉革命**
	1685	**生類憐みの令(〜1709)**	**1689**	**イギリスの権利章典**
			1689	ネルチンスク条約(清,ロシアと国境を画定)
	1709	**新井白石,幕政を正す(正徳の治)(〜1716)**	1700	北方戦争 ロシア,ポーランド,デンマーク連合がスウェーデンに勝利(〜1721)
	1716	**徳川吉宗,将軍となる(享保の改革)(〜1745)**	1748	モンテスキューの『法の精神』なる
			1754	フレンチ・インディアン戦争(〜1763)イギリスがフランスに勝利
			18世紀後半	**イギリスの産業革命**
			1762	ルソーの『民約論』なる
	1772	**田沼意次,老中となる**		
			1775	**アメリカ独立戦争(〜1783)**

時代	年	日本	年	世界
江戸時代	1782	天明の大飢饉(～1787)	**1776**	**アメリカ独立宣言**
	1783	浅間山大噴火	**1783**	**パリ条約(イギリス,アメリカの独立承認)**
	1787	**松平定信,寛政の改革を行う(～1793)**		
			1787	アメリカ合衆国憲法成立
	1837	大塩の乱	1789	ワシントン初代アメリカ合衆国大統領就任(～1797)
	1841	**水野忠邦,天保の改革を行う(～1843)**		
			1789	フランス革命,人権宣言
	1853	米使ペリー,浦賀に来航	1796	白蓮教徒の乱(～1804)
	1854	日米和親条約締結	1804	フランス,ナポレオン1世皇帝即位
	1856	米総領事ハリス,下田に来航	1823	アメリカ,モンロー宣言
	1858	**日米修好通商条約**	**1840**	**アヘン戦争(～1842)イギリスが清に勝利**
		大老井伊直弼の安政の大獄(～1859)	**1851**	**太平天国の乱(～1864)**
			1853	クリミア戦争(～1856)
	1860	**桜田門外の変**		オスマン帝国がロシアに勝利
	1864	禁門の変	1861	アメリカ南北戦争(～1865)
		四国連合艦隊,下関を砲撃		北軍が南軍に勝利
	1867	**大政奉還**	1863	アメリカ,奴隷解放宣言
		王政復古の大号令		
明治時代	1868	鳥羽・伏見の戦い		
		五箇条の御誓文　東京遷都		
	1869	**版籍奉還**		
	1871	**廃藩置県**	1871	ドイツ帝国成立(～1918)
	1873	徴兵令公布		パリ・コミューン
		西郷隆盛,征韓論に敗れる	1882	独墺伊三国同盟
		地租改正条例公布	**1884**	**清仏戦争(～1885)フランスが清に勝利**
	1874	**民撰議院設立の建白書**	1887	フランス領インドシナ成立(～1945)
	1881	国会開設の勅諭	**1894**	**日清戦争(～1895)日本が清に勝利**
	1885	**内閣制度制定**	1898	戊戌の政変
	1889	**大日本帝国憲法発布**	1899	南アフリカ戦争(～1902)
	1890	第1回帝国議会開く		イギリスがブール人に勝利
	1894	日英通商航海条約(領事裁判権の廃止,関税自主権の一部回復など)	**1900**	**義和団事件(～1901)**
			1904	**日露戦争(～1905)日本がロシアに優勢な状況で講和**
		日清戦争(～1895)		
	1895	**下関条約　三国干渉**	1905	ロシア,血の日曜日事件
	1902	日英同盟		孫文ら,中国同盟会結成
	1904	**日露戦争(～1905)**		ポーツマス条約
	1905	日本海海戦	**1911**	**辛亥革命(～1912)**
		ポーツマス条約	**1912**	**中華民国成立**
大正時代	1914	第1次世界大戦に参戦	**1914**	**第一次世界大戦(～1918)**
	1918	米騒動	**1915**	**日本,中国に二十一ヵ条要求**
		シベリア出兵(～1922)	**1917**	**ロシア革命**
	1919	ベルサイユ条約		
	1923	関東大震災		

	1925	**普通選挙法公布,治安維持法公布**	1919	中国,五・四運動　中国国民党の発足　ベルサイユ条約
	1931	**満州事変(〜1933)**		ドイツ,ワイマール憲法制定
	1932	**五・一五事件**	1920	国際連盟成立(〜1946)
	1933	**国際連盟脱退**	1921	中国共産党結成
	1934	ワシントン軍縮条約廃棄	1927	上海クーデター
	1936	**二・二六事件**	1929	世界恐慌始まる
		ロンドン軍縮会議脱退	**1931**	**満州事変起こる(〜1933)**
	1937	日独伊三国防共協定	1933	ニュー・ディール始まる
		日中戦争(〜1945)	**1936**	**西安事件**
	1938	**国家総動員法公布**	**1937**	**盧溝橋事件　日中戦争始まる**
	1939	ノモンハン事件	**1939**	**第二次世界大戦(〜1945)**
	1940	**日独伊三国軍事同盟**		
	1941	**太平洋戦争(〜1945)**	1941	太平洋戦争(〜1945)
	1942	**日本軍,ミッドウェー海戦で大打撃を受ける**		
	1945	**広島・長崎に原爆投下　ソ連参戦　ポツダム宣言受諾**　日本無条件降伏　財閥解体　新選挙法制定　第1次農地改革	1945	ヤルタ会談　国際連合発足
			1948	世界人権宣言
昭和時代			**1949**	**北大西洋条約機構成立**
	1946	日本国憲法公布　第2次農地改革実施　極東国際軍事裁判開始		**中華人民共和国成立**
			1950	朝鮮戦争(〜1953)
	1951	**サンフランシスコ講和条約**・日米安全保障条約	1954	ジュネーブ会議
			1955	アジア・アフリカ会議
	1954	防衛庁,自衛隊発足	**1962**	**キューバ危機**
	1956	**日ソ共同宣言**,国際連合加盟	1963	米・英・ソ,部分的核実験禁止条約
	1959	岩戸景気(〜1961)		
	1960	**日米安全保障条約を改定**	1965	米軍,北ベトナム爆撃開始
	1964	東京オリンピック	**1966**	**中国,文化大革命(〜1977)**
	1965	日韓基本条約	1969	アメリカ,アポロ11号人類初の月面着陸
	1968	小笠原諸島返還協定		
	1970	核兵器拡散防止条約	1970	核拡散防止条約発効
		日本万国博覧会	1975	ベトナム戦争終結
	1972	**沖縄本土復帰　日中共同声明**	1980	イラン・イラク戦争(〜1988)
	1973	円が変動相場制へ移行	1985	プラザ合意
		第一次石油ショック	1986	ソ連チェルノブイリ原発事故
	1976	ロッキード事件	1987	米・ソ,INF全廃条約
	1978	日中平和友好条約調印		
	1979	第二次石油危機	1988	イラン・イラク戦争停戦
	1987	国鉄民営化	**1989**	**天安門事件**
	1988	リクルート事件		**冷戦終結**
	1989	**消費税導入**	1990	東西ドイツが統合される
	1992	**PKO協力法**	1991	湾岸戦争　ソ連邦解体
			1992	マーストリヒト条約調印(ヨーロッパ連合設立条約)

平成時代	1993	細川護熙首相による非自民8党派内閣が成立	1993	イスラエル,PLO暫定自治調印 EU（ヨーロッパ連合）発足
	1994	自・社・さ連立政権発足		
	1995	阪神・淡路大震災		
		地下鉄サリン事件	1997	香港,中国へ返還
	1999	自公連立政権発足	1999	欧州単一通貨ユーロ誕生
		国旗・国歌法成立	2000	南北首脳会談（韓国,北朝鮮）
			2001	米同時多発テロ事件
	2002	日朝平壌宣言		
			2003	イラク戦争
	2009	民主党政権発足	2009	黒人初の米大統領誕生
	2011	東日本大震災		
	2012	自公連立政権（第2次安倍内閣）	2014	イスラム国が樹立を宣言
	2015	安全保障関連法成立	2015	米・キューバ国交回復
		マイナンバー制度関連法施行		
	2016	熊本地震	2016	イギリス国民投票でEU離脱が決まる
	2018	北海道胆振東部地震		
令和時代	2019	令和に改元	2019	香港民主化デモ
	2020	新型コロナウイルス世界的に流行	2020	イギリスEU離脱

毎年必ず出る重要項目 09

世界の作曲家

（墺）はオーストリア，（露）はソ連邦時代も含む

バッハ	(独) 近代音楽の祖。“ドイツ3B”の一人。『ブランデンブルグ協奏曲』
ヘンデル	(独) 作風は和声的単純明快。『メサイア』『水上の音楽』
グルック	(独) 近代歌劇の祖。『オルフェオとエウリディーチェ』
ハイドン	(墺) 交響曲の父。『天地創造』『四季』
モーツァルト	(墺) ウィーン古典派の代表。『フィガロの結婚』『魔笛』
ベートーヴェン	(独) 古典派音楽を完成,ロマン派への道を開く。『英雄』『運命』
パガニーニ	(伊) 近世バイオリン屈指の名手。『24の奇想曲』
ウェーバー	(独) ドイツ国民歌劇とロマン派歌劇を完成。『魔弾の射手』
ロッシーニ	(伊) イタリア歌劇を多数作曲。『セビリアの理髪師』『ウィリアム・テル』
シューベルト	(墺) ロマン派。『未完成交響曲』『美しき水車小屋の娘』『野ばら』
ベルリオーズ	(仏) フランスロマン派の先駆者,標題音楽の代表。『幻想交響曲』
グリンカ	(露) 近代ロシア音楽の父。『皇帝に捧げし生命』『ルスランとリュドミラ』
メンデルスゾーン	(独) ロマン派の巨匠。『無言歌集』『真夏の世の夢』『エリヤ』
ショパン	(ポーランド) ロマン派,ピアノの詩人『子犬のワルツ』『英雄ポロネーズ』
シューマン	(独) ロマン派。『子供の情景』『詩人の恋』『謝肉祭』
リスト	(ハンガリー) 交響詩を確立。ピアノの魔術師。『ハンガリー狂詩曲』
ワグナー	(独) 楽劇の完成者。『タンホイザー』『ローエングリン』
ヴェルディ	(伊) イタリア歌劇王。『リゴレット』『椿姫』『アイーダ』
ヨハン・シュトラウス2世	(墺) ワルツの王。『美しき青きドナウ』『皇帝円舞曲』
ブラームス	(独) ロマン派。“ドイツ3B”の一人。『ハンガリー舞曲』
サン・サーンス	(仏) 映画音楽の創始者。『サムソンとデリラ』『死の舞踏』
ビゼー	(仏) 叙情性と簡潔な旋律美。『カルメン』『アルルの女』
ムソルグスキー	(露) 国民音楽派,近代音楽の先駆者。『はげ山の一夜』
チャイコフスキー	(露) ロシア音楽に西欧的な優美さを与えた。『白鳥の湖』『悲愴』
ドヴォルザーク	(チェコ) ロマン派。チェコ国民楽派の代表。『新世界より』
プッチーニ	(伊) イタリア歌劇の第一人者。『蝶々夫人』『トスカ』『ラ・ボエーム』
ドビュッシー	(仏) 近代印象主義音楽の確立者。『牧神の午後への前奏曲』
シベリウス	(フィンランド) フィンランドの自然・神話・伝説を表現。『フィンランディア』
ラヴェル	(仏) 印象主義音楽。管弦楽技法の天才。『ボレロ』『水の戯れ』
バルトーク	(ハンガリー) 民俗音楽学の祖。民謡を研究。『青ひげ公の城』
ストラヴィンスキー	(露) 20世紀バレエ音楽の大家。『火の鳥』『ペトルーシュカ』
プロコフィエフ	(露) 社会主義リアリズム。『ピーターと狼』『アレクサンドル・ネフスキー』
ガーシュイン	(米) シンフォニックジャズの確立者。『パリのアメリカ人』
ハチャトゥリアン	(露) 社会主義リアリズムの代表。『ガイーヌ』『アルメニア共和国国歌』
ショスタコーヴィッチ	(露) 前衛から社会主義リアリズムまで,幅広い作風。『森の歌』

毎年必ず出る重要項目 10

文学作家と作品

⊙外国

ダンテ	新生, 神曲
ボッカチオ	デカメロン
モンテーニュ	随想録
シェイクスピア	ハムレット, ヴェニスの商人, オセロ
セルバンテス	ドン・キホーテ
ゲーテ	ファウスト, 若きウェルテルの悩み
ユゴー	レ・ミゼラブル
スタンダール	赤と黒, パルムの僧院
アンデルセン	即興詩人, 絵のない絵本
トルストイ	戦争と平和, アンナ・カレーニナ, 復活
ツルゲーネフ	父と子, 猟人日記
ルイス・キャロル	不思議の国のアリス
サン・テグジュペリ	夜間飛行, 星の王子さま
ドストエフスキー	罪と罰, カラマーゾフの兄弟, 悪霊
イプセン	人形の家
オルコット	若草物語
トウェイン	トム・ソーヤの冒険
モーパッサン	女の一生, 脂肪の塊
スティーブンソン	宝島, ジキル博士とハイド氏
チェーホフ	かもめ, 桜の園
ゴーリキー	どん底
ヘッセ	車輪の下
メーテルリンク	青い鳥
S.モーム	月と六ペンス
魯迅	阿Q正伝, 狂人日記
ヘミングウェイ	武器よさらば, 日はまた昇る, 老人と海
D.H.ロレンス	チャタレー夫人の恋人
カフカ	変身, 審判, 城
パール・バック	大地
ミッチェル	風と共に去りぬ
スタインベック	怒りの葡萄
サルトル	嘔吐, 自由への道
カミュ	異邦人, ペスト

⊙日本

●奈良時代

太安万侶《おおのやすまろ》	古事記（編）
舎人親王《とねりしんのう》	日本書紀（編）
大伴　家持《やかもち》	万葉集（撰）

●平安時代

紀　貫之	土佐日記
藤原道綱母《ふじわらのみちつなのはは》	蜻蛉《かげろう》日記
清少納言	枕草子
紫式部	源氏物語
菅原孝標女《たかすえのむすめ》	更級日記
西　行	山家集

●鎌倉時代

藤原定家ら	新古今集（撰）
鴨　長明	方丈記
慈　円	愚管抄
（不　明）	平家物語

藤原　定家	小倉百人一首（撰）
道　元	正法眼蔵
親　鸞	教行信証，歎《たん》異《に》抄（唯円編）
日　蓮	立正安国論
吉田　兼好	徒然草

●室町時代

世　阿　弥	風姿花伝（花伝書）

●江戸時代

井原　西鶴	好色一代男
近松門左衛門	国性《こくせん》爺《や》合戦，曽根崎心中
松尾　芭蕉	おくのほそ道
上田　秋成	雨月物語，春雨物語
十返舎一九	東海道中膝栗毛
杉田　玄白	蘭学事始
滝沢　馬琴	南総里見八犬伝
式亭　三馬	浮世風呂，浮世床
小林　一茶	おらが春
本居　宣長	古事記伝，玉勝間
与謝　蕪村	新花摘，春風馬堤曲

●明治以降

福沢　諭吉	学問ノスヽメ
坪内　逍遙	小説神髄
二葉亭四迷	浮雲
幸田　露伴	五重塔，風流仏
尾崎　紅葉	金色夜叉，多情多恨
樋口　一葉	たけくらべ，にごりえ
森　鷗外	雁，山椒大夫，高瀬舟
国木田独歩	武蔵野，源叔父
田山　花袋	蒲団，田舎教師
正岡　子規	病牀六尺，仰臥漫録
与謝野晶子	みだれ髪
島崎　藤村	破戒，夜明け前，新生
夏目　漱石	吾輩は猫である，こゝろ，坊つちやん，三四郎
北原　白秋	邪宗門，思ひ出
石川　啄木	一握の砂
斎藤　茂吉	赤光
高村光太郎	道程，智恵子抄
有島　武郎	カインの末裔，或る女
武者小路実篤	友情，真理先生，人間万歳
志賀　直哉	暗夜行路，城の崎にて
芥川龍之介	羅生門，鼻，河童
菊池　寛	父帰る，忠直卿行状記
永井　荷風	腕くらべ，墨東綺譚
谷崎潤一郎	刺青，春琴抄，細雪
川端　康成	伊豆の踊子，雪国
山本　有三	真実一路，路傍の石
和辻　哲郎	古寺巡礼
林　芙美子	放浪記，うず潮
梶井基次郎	檸檬《れもん》
宮沢　賢治	風の又三郎
堀　辰雄	風立ちぬ，聖家族
中原　中也	山羊の歌，在りし日の歌
小林多喜二	蟹工船
太宰　治	斜陽，人間失格，走れメロス
坂口　安吾	堕落論，白痴
井伏　鱒二	山椒魚，黒い雨
三島由紀夫	潮騒，金閣寺，仮面の告白

読み誤りやすい漢字

愛敬	あいきょう
愛惜	あいせき
愛憎	あいぞう
相槌	あいづち
哀悼	あいとう
生憎	あいにく
曖昧	あいまい
隘路	あいろ
阿吽	あうん
煽る	あおる
足掻く	あがく
購う	あがなう
灰汁	あく
欠伸	あくび
胡坐	あぐら
阿漕	あこぎ
糾う	あざなう
海豹	あざらし
紫陽花	あじさい
渾名	あだな
呆気	あっけ
強ち	あながち
抗う	あらがう
行脚	あんぎゃ
行灯	あんどん
安穏	あんのん
塩梅	あんばい
按分	あんぶん
幾許	いくばく
生贄	いけにえ
潔い	いさぎよい
漁火	いさりび
無花果	いちじく
位牌	いはい
息吹	いぶき
海豚	いるか
刺青	いれずみ
因縁	いんねん
初陣	ういじん
泡沫	うたかた
雲丹	うに
閏年	うるうどし
曳航	えいこう
役務	えきむ
壊死	えし
干支	えと
会得	えとく
演繹	えんえき
円滑	えんかつ
冤罪	えんざい
嗚咽	おえつ
大雑把	おおざっぱ
大晦日	おおみそか
悪寒	おかん
和尚	おしょう
億劫	おっくう
御神酒	おみき
女郎花	おみなえし
音頭	おんど
怨霊	おんりょう
改竄	かいざん
傀儡	かいらい
界隈	かいわい
案山子	かかし
愕然	がくぜん
陽炎	かげろう
河岸	かし
瑕疵	かし
呵責	かしゃく
固唾	かたず
割烹	かっぽう
伽藍	がらん
為替	かわせ
管轄	かんかつ
神無月	かんなづき
涵養	かんよう
帰依	きえ
桔梗	ききょう
如月	きさらぎ
雉子	きじ
疑似	ぎじ
忌憚	きたん
生粋	きっすい
奇天烈	きてれつ
詭弁	きべん
胡瓜	きゅうり
凝固	ぎょうこ
形相	ぎょうそう
久遠	くおん
句読	くとう

功徳	くどく
国許	くにもと
胡桃	くるみ
敬虔	けいけん
境内	けいだい
希(稀)有	けう
怪訝	けげん
夏至	げし
化身	けしん
健気	けなげ
嫌悪	けんお
乾坤	けんこん
狡猾	こうかつ
号泣	ごうきゅう
恍惚	こうこつ
好事家	こうずか
梗塞	こうそく
膠着	こうちゃく
更迭	こうてつ
傲慢	ごうまん
拷問	ごうもん
枯渇	こかつ
古刹	こさつ
骨董	こっとう
糊塗	こと
誤謬	ごびゅう
独楽	こま
拱く	こまぬく
虚無僧	こむそう
勤行	ごんぎょう
権化	ごんげ
渾身	こんしん
建立	こんりゅう
祭祀	さいし
詐欺	さぎ
防人	さきもり
炸裂	さくれつ
雑魚	ざこ
些細	ささい
流石	さすが
殺伐	さつばつ
蹉跌	さてつ
戯言	ざれごと
慚愧	ざんき
思惟	しい
恣意	しい
弛緩	しかん
直訴	じきそ
仕種	しぐさ
時化	しけ
示唆	しさ
市井	しせい
叱咤	しった
疾病	しっぺい
竹刀	しない
老舗	しにせ
東雲	しののめ
奢侈	しゃし
洒落	しゃれ
渋滞	じゅうたい
羞恥	しゅうち
愁眉	しゅうび
収賄	しゅうわい
数珠	じゅず
入水	じゅすい
出奔	しゅっぽん
腫瘍	しゅよう
入洛	じゅらく
上梓	じょうし
成就	じょうじゅ
定石	じょうせき
饒舌	じょうぜつ
装束	しょうぞく
常套	じょうとう
招聘	しょうへい
所作	しょさ
熾烈	しれつ
師走	しわ(は)す
真摯	しんし
斟酌	しんしゃく
辛辣	しんらつ
推敲	すいこう
遂行	すいこう
垂涎	すいぜん
出納	すいとう
頭巾	ずきん
双六	すごろく
杜撰	ずさん
逝去	せいきょ
脆弱	ぜいじゃく
碩学	せきがく
折衷	せっちゅう
雪隠	せっちん
台詞	せりふ
漸次	ぜんじ
憎悪	ぞうお

巣窟	そうくつ
相好	そうごう
相殺	そうさい
遡及	そきゅう
粗忽	そこつ
堆積	たいせき
代替	だいたい
松明	たいまつ
兌換	だかん
焚火	たきび
弾劾	だんがい
嫡子	ちゃくし
衷心	ちゅうしん
厨房	ちゅうぼう
彫塑	ちょうそ
提灯	ちょうちん
重宝	ちょうほう
聴聞	ちょうもん
直截	ちょくさい (ちょくせつ)
佇立	ちょりつ
対句	ついく
定款	ていかん
道化	どうけ
湯治	とうじ
納戸	なんど
捏造	ねつぞう
年貢	ねんぐ
長閑	のどか
祝詞	のりと
白眉	はくび
破綻	はたん
囃子	はやし
範疇	はんちゅう
頒布	はんぷ
凡例	はんれい
庇護	ひご
批准	ひじゅん
只管	ひたすら
逼迫	ひっぱく
誹謗	ひぼう
罷免	ひめん
肥沃	ひよく
日和	ひより
吹聴	ふいちょう
風体	ふうてい
不得手	ふえて
敷衍	ふえん
河豚	ふぐ
普請	ふしん
布施	ふせ
風情	ふぜい
敷設	ふせつ
払拭	ふっしょく
蒲団	ふとん
赴任	ふにん
訃報	ふほう
呆然	ぼうぜん
彷彿	ほうふつ
反故	ほご(ほうご)
煩悩	ぼんのう
政所	まんどころ
神輿	みこし
未曾有	みぞう
禊	みそぎ
謀叛	むほん
明晰	めいせき
冥途	めいど
面子	メンツ
木阿弥	もくあみ
猛者	もさ
縺れる	もつれる
由緒	ゆいしょ
結納	ゆいのう
猶予	ゆうよ
浴衣	ゆかた
夭折	ようせつ
酪農	らくのう
拉致	らち
罹災	りさい
凌駕	りょうが
繚乱	りょうらん
稟議	りんぎ
流説	るせつ
黎明	れいめい
憐憫	れんびん
歪曲	わいきょく

毎年必ず出る重要項目 12

漢字の書き取り

あざやか	鮮やか
あっぱく	圧迫
おうへん	応変
おじけづく	怖気づく
おんぞん	温存
かさく	寡作
かせぐ	稼ぐ
かつぐ	担ぐ
かびん	過敏
かんぼつ	陥没
きばく	起爆
きゅうじょ	救助
きょひ	巨費
きりさめ	霧雨
きんべん	勤勉
くろうと	玄人
けいちゅう	傾注
けいよう	掲揚
げきてき	劇的
けたちがい	桁違い
けつろ	結露
けんこう	健康
けんじ	顕示
こうあん	考案
こうみょう	功名
こしょう	故障
こる	凝る
こんいん	婚姻
こんきょ	根拠
さける	避ける
ざだん	座談
さんきゃく	三脚
したじき	下敷
じっせん	実践
しっそう	疾走
しっぽ	尻尾
じびか	耳鼻科
じゅうしょく	住職
じゅうそう	縦走
しゅうち	周知
しょうじき	正直
じょうしゃ	乗車
じれい	辞令
しんきんかん	親近感
しんけつ	心血
すいそうがく	吹奏楽
すいそく	推測
せいがん	請願
せきらんうん	積乱雲
せっしゅ	接種
ぜんせん	善戦
そうかん	創刊
そっとう	卒倒
たっぴつ	達筆
ちょうてい	調停
つうほう	通報
てっとう	鉄塔
どうい	胴衣
とうき	陶器
とうほん	謄本
ながぐつ	長靴
なべやき	鍋焼き
なんか	軟化
ねっきょうてき	熱狂的
はかく	破格
はっくつ	発掘
はれつ	破裂
はんじゅく	半熟
ひいでる	秀でる
ひごう	非業
びねつ	微熱
ひめい	悲鳴
ふっかつ	復活
ぶんじょう	分譲
へんぼう	変貌
ほうかつ	包括
ほうがんし	方眼紙
ぼっかてき	牧歌的
ほまれ	誉れ
ぼんさい	盆栽
みれん	未練
やくそく	約束
ゆうぐう	優遇
ゆうはつ	誘発
ゆみや	弓矢
よねん	余念
らっかん	楽観
りりく	離陸
れっきょ	列挙
ろうきゅう	老朽

毎年必ず出る重要項目 13

四字熟語

暗《あん》中《ちゅう》模《も》索《さく》	くらやみの中で，手さぐりで物をさがすこと。手がかりもなしに，さがし求めること。
唯《い》唯《い》諾《だく》諾《だく》	他人の言いなりになるさま。
異《い》口《く》同《どう》音《おん》	多くの人が同じことをいうこと。みんなの意見が一致すること。
以《い》心《しん》伝《でん》心《しん》	心から心へつたえること。無言のうちに思うことが相手に通じ，相手も同じ考えになること。
一《いち》蓮《れん》托《たく》生《しょう》	極楽で同じ蓮華に身を託すこと。よくも悪くも行動，運をともにすること。
一《いっ》攫《かく》千《せん》金《きん》	ひとつかみで大金を得ること。ぼろもうけすること。
一《いっ》触《しょく》即《そく》発《はつ》	ちょっとふれても，すぐに爆発しそうなこと。危険に直面していること。
一《いっ》石《せき》二《に》鳥《ちょう》	一つのことで，二つの利益を得ること。
因《いん》果《が》応《おう》報《ほう》	よい行いにはよいむくいが，悪い行いには悪いむくいがくること。
有《う》為《い》転《てん》変《ぺん》	世は常に移りかわり，はかないこと。
紆《う》余《よ》曲《きょく》折《せつ》	まがりくねること。事情がこみいって，いろいろ変化のあること。
雲《うん》散《さん》霧《む》消《しょう》	雲や霧のように消えうせること。
栄《えい》枯《こ》盛《せい》衰《すい》	さかえたり，おとろえたりすること。
温《おん》故《こ》知《ち》新《しん》	古い物事を調べて新しい知識や見解を得ること。
臥《が》薪《しん》嘗《しょう》胆《たん》	目的達成のために，長いあいだ苦しみ努力すること。
我《が》田《でん》引《いん》水《すい》	自分のつごうのよいように，ものをいったり，考えたり，行動したりすること。
画《が》竜《りょう》点《てん》睛《せい》	最後に大事な一点をかき加えて完成すること。わずかなことで，全体がひきしまることのたとえにも使われる。
夏《か》炉《ろ》冬《とう》扇《せん》	夏の火ばちと冬のおうぎの意で，役に立たないことのたとえ。
換《かん》骨《こつ》奪《だっ》胎《たい》	他人の詩や文を少しかえて自分の作品に見せかけること。やきなおし。
勧《かん》善《ぜん》懲《ちょう》悪《あく》	善事をすすめ，悪事をこらしめること。
閑《かん》話《わ》休《きゅう》題《だい》	むだばなしはそれくらいにして。それはさておき。さて。
危《き》機《き》一《いっ》髪《ぱつ》	かみの毛一本ほどのほんのわずかな違いで，危険に追いこまれるというあぶないせとぎわ。
起《き》承《しょう》転《てん》結《けつ》	絶句など漢詩の構成法。起句で書き起こし，承句で受け，転句で詩意を一転し，結句で全詩をまとめる。
疑《ぎ》心《しん》暗《あん》鬼《き》	うたがいの心をもっていると，ありもしない鬼の姿まで見えるように，なんでもないことまでおそろしく，不安になること。
喜《き》怒《ど》哀《あい》楽《らく》	よろこびと，いかりと，かなしみと，たのしみ。
曲《きょく》学《がく》阿《あ》世《せい》	時流や権力にへつらって，真理をまげた学説をとなえること。

玉《ぎょく》石《せき》混《こん》淆《こう》	よいものとわるいものがまじっていること。
金《きん》科《か》玉《ぎょく》条《じょう》	守らなければならない大切なこと。
空《くう》前《ぜん》絶《ぜつ》後《ご》	まえにもあとにも例がないこと。
群《ぐん》雄《ゆう》割《かっ》拠《きょ》	多くの英雄が各地に勢力をはって争うこと。
月《げっ》下《か》氷《ひょう》人《じん》	男女のなかをとりもつひと。なこうど。
捲《けん》土《ど》重《ちょう》来《らい》	いちど破れたものが再び勢いをもり返してくること。
厚《こう》顔《がん》無《む》恥《ち》	あつかましく，恥を恥と思わないこと。
巧《こう》言《げん》令《れい》色《しょく》	口先がうまく，愛想がいいこと。
荒《こう》唐《とう》無《む》稽《けい》	とりとめがなく，考えに根拠のないこと。でたらめ。
呉《ご》越《えつ》同《どう》舟《しゅう》	仲の悪い者同士が同じ場所や境遇にならび立っていること。
孤《こ》軍《ぐん》奮《ふん》闘《とう》	ひとりでがんばること。
五《ご》里《り》霧《む》中《ちゅう》	判断にまようこと。
言《ごん》語《ご》道《どう》断《だん》	口ではいい表せないこと。とんでもないこと。もってのほか。
山《さん》紫《し》水《すい》明《めい》	自然の風景が清く美しいこと。
自《じ》業《ごう》自《じ》得《とく》	自分でしたことのむくいを，自分自身に受けること。
自《し》然《ぜん》淘《とう》汰《た》	自然の環境に適した生物は生き残り，そうでない生物はほろびていくこと。
七《しち》転《てん》八《はっ》起《き》	なんど失敗してもくじけず，起きあがって奮闘すること。
質《しっ》実《じつ》剛《ごう》健《けん》	かざりけがなく，まじめで，たくましいこと。
四《し》面《めん》楚《そ》歌《か》	周囲がみな敵で，孤立すること。四方から反対者に攻めたてられること。
周《しゅう》章《しょう》狼《ろう》狽《ばい》	あわてふためくこと。うろたえまごつくこと。
主《しゅ》客《かく》転《てん》倒《とう》	物事の順序や軽重を逆にすること。
取《しゅ》捨《しゃ》選《せん》択《たく》	よいものをとり，悪いものをすてること。
酒《しゅ》池《ち》肉《にく》林《りん》	ぜいたくな酒宴のこと。
首《しゅ》尾《び》一《いっ》貫《かん》	いうことや考え方の基本が，はじめからおわりまで，一つのことでつらぬかれていること。
枝《し》葉《よう》末《まっ》節《せつ》	重要でないことがら。どうでもよいこと。
支《し》離《り》滅《めつ》裂《れつ》	ちりぢりばらばらのこと。
神《しん》出《しゅつ》鬼《き》没《ぼつ》	鬼神のように，自由自在に出没すること。
信《しん》賞《しょう》必《ひつ》罰《ばつ》	賞罰を厳正にすること。
針《しん》小《しょう》棒《ぼう》大《だい》	針のような小さいものを棒ほどに大きくいうこと。大げさにいうこと。
深《しん》謀《ぼう》遠《えん》慮《りょ》	遠い先のことまで深く考えたはかりごと。
森《しん》羅《ら》万《ばん》象《しょう》	宇宙に存在するすべてのもののこと。
晴《せい》耕《こう》雨《う》読《どく》	晴れた日は野に出て耕し，雨の日は家で読書することで，悠悠自適の生活をいう。

責《せき》任《にん》転《てん》嫁《か》	責任を他人になすりつけること。
切《せっ》磋《さ》琢《たく》磨《ま》	学問や道徳を修めるために自分をみがきはげますこと。たがいにはげましあい，努力すること。
千《せん》載《ざい》一《いち》遇《ぐう》	千年に一度会うくらい，めったにないよい機会のこと。
前《ぜん》代《だい》未《み》聞《もん》	これまでに聞いたことのないこと。
千《せん》変《ぺん》万《ばん》化《か》	さまざまに変化すること。たびたび変わること。
大《たい》器《き》晩《ばん》成《せい》	大人物は，若いときはめだたないが，のちに大成すること。
単《たん》刀《とう》直《ちょく》入《にゅう》	余談や前置きをぬきにして，すぐに本題にはいったり，要所をつくこと。
朝《ちょう》三《さん》暮《ぼ》四《し》	目の前の違いにこだわって，結果が同じになるのを知らないこと。また，いいかげんなことばで，人をだますこと。
朝《ちょう》令《れい》暮《ぼ》改《かい》	朝に命じたことが，その夕方には変わること。命令がたびたび変わってあてにならないこと。
天《てん》衣《い》無《む》縫《ほう》	詩文などで，技巧のあとがなく，自然で完全なこと。また，人柄が天真らんまんでかざりけのないこと。
同《どう》工《こう》異《い》曲《きょく》	外見は違うが，同じ工夫でできていること。それほど違いがないこと。
東《とう》奔《ほん》西《せい》走《そう》	あちこちかけまわること。
二《に》束《そく》三《さん》文《もん》	ふたたばで，わずか三文の意から，数が多くても，価格がたいへん安いことをいう。
破《は》顔《がん》一《いっ》笑《しょう》	顔をほころばせてにっこり笑うこと。
馬《ば》耳《じ》東《とう》風《ふう》	人の意見や批評をききながすこと。
半《はん》信《しん》半《はん》疑《ぎ》	なかば信じ，なかばうたがって迷うこと。
百《ひゃっ》鬼《き》夜《や》行《こう》	多くのばけものが夜歩きまわること。多くの者が悪事を働くこと。
不《ふ》撓《とう》不《ふ》屈《くつ》	意志が強く，困難にくじけないこと。
付《ふ》和《わ》雷《らい》同《どう》	一定の見識がなく，人の意見にただわけもなく賛成すること。
粉《ふん》骨《こつ》砕《さい》身《しん》	骨を粉にし，身をくだいて努力すること。
傍《ぼう》若《じゃく》無《ぶ》人《じん》	人を気にせず，気ままにふるまうこと。人を人とも思わないこと。
明《めい》鏡《きょう》止《し》水《すい》	わだかまりや，やましさのない心境のこと。
孟《もう》母《ぼ》三《さん》遷《せん》	孟子の母が，子どもの教育を考え，三度も転居したという故事から，子どもの教育にはよい環境が大切だということのたとえ。
優《ゆう》柔《じゅう》不《ふ》断《だん》	ぐずぐずして，なかなか判断しないこと。
用《よう》意《い》周《しゅう》到《とう》	準備が行きとどいていること。

毎年必ず出る重要項目 14

ことわざ・格言

解説中の→は類義語，↔は反対の意味を表す。

青は藍より出でて藍より青し	青はもともと藍から出た色でありながら，藍よりも濃いという意で，弟子が師よりも優れていることのたとえ。→出藍の誉れ
悪事千里を走る	悪いことはたちまちにして世間に知られてしまうこと。
雨降って地かたまる	いやなことや，いざこざがあって，かえってよい結果になること。
案ずるより生むが易し	物事は心配したほどのこともなくうまくはこぶものであるということ。→案じるより芋汁
石の上にも三年	石の上にも三年すわりつづけていればあたたまるという意味で，根気づよいことのたとえ。
石橋を叩いて渡る	細心の注意をはらうこと。→ころばぬ先の杖
衣食足りて礼節を知る	生活に余裕ができてこそ道徳心が高まること。
犬も歩けば棒にあたる	でしゃばるとわざわいにあうという意味と，外に出れば思いがけない幸運に出合うことがある，の二つの意味がある。
井の中の蛙《かわず》	井戸の中に住んでいる蛙のように，見聞がせまく，広い世間を知らないことのたとえ。
魚心あれば水心	自分に好意をみせる他人に対しては，自分も好意をみせる，人間の心は相互的だということ。
うそも方便	うそをつくのはよいことではないが，相手のためにうそをついたほうがよい場合もあるということ。
傍《おか》（岡）目八目《めはちもく》	他人が対局している碁をはたからみていると八目先までわかるという意。つまり，何事も局外者のほうが事のよしあしがよくわかるということ。
鬼の霍乱《かくらん》	体が丈夫で，ふだんは病気をしたことのない人が，珍しく病気になることのたとえ。
親の光は七光	子どもの出世におよぼす親の力の大きいこと。
蛙の子は蛙	凡人の親から生まれた子はやはり親と同じように凡人であるという意。↔鳶《とび》が鷹を生む
火中の栗を拾う	他人の利益のために危ないことをすること。
河童の川流れ	得意の技で失敗することのたとえ。→猿も木から落ちる
勝てば官軍負ければ賊軍	とにかく勝ってしまえば正しいとされ，負ければ悪者にされるということ。

肝胆相照らす	腹蔵なく心から交わること。
漁夫の利	しぎと貝がけんかをしている最中に漁夫がきて，両方ともとってしまったという故事から，他人が争っているうちに横から利益を得ること。
君子危《あや》うきに近寄らず	立派な人は，はじめから危ないことには近寄らないということ。
怪我《けが》の功名	失敗したと思ったことが，かえって成功となること。また，偶然にやったことがよい結果になること。
郷に入っては郷に従え	人は住んでいる地域の風俗習慣に従え，ということ。
虎穴に入らずんば虎子（児）を得ず	危ないことをさけては成功できないということ。→枝先に行かねば熟柿は食えぬ
塞翁《さいおう》が馬	人間の一生なんていつどうころぶかわからないこと。
三人寄れば文殊の知恵	みんなで話し合えばすばらしい考えが浮かぶものだというたとえ。
獅子身中の虫	獅子のからだの中にいて，獅子のからだをむしばみ，ついに獅子を倒してしまう虫の意で，味方でありながら味方に危害を加えることのたとえ。
朱に交われば赤くなる	人は友人の感化によって，よくも悪くもなる。
上手の手から水が漏る	どんな上手な人でも失敗することがあるといういましめ。 →弘法も筆の誤り　→猿も木から落ちる
知らぬが仏	知るからこそ腹が立つ，知らなければおだやかな心でいられるということ。
寸鉄人を刺す	短いことばで，他人の急所をズバリとつくこと。
背に腹はかえられぬ	大切なことのためにはほかをかえりみるゆとりがないことのたとえ。→背より腹
船頭多くして船山へ上る	指図をする人が多すぎて統一がとれず，あらぬ方角へ行ってしまうことのたとえ。
袖振り合うも他（多）生の縁	知らない人と袖がふれ合うのも前世からの因縁だということ。 →つまずく石も縁の端
他山の石	どんなことでも自分の知徳をみがく助けになることのたとえ。
立つ鳥跡を濁さず	立ち去るものは，あとが見苦しくないように，ちゃんと始末をするものであるというたとえ。↔後は野となれ山となれ
蓼《たで》食う虫もすきずき	辛いたでを食う虫もあるように，人の好みはさまざまであることのたとえ。
棚から牡丹餅《ぼたもち》	労せずして思いがけない幸運に巡りあうことのたとえ。
玉磨かざれば光なし	素質があっても修業しなければ立派な人間にはなれないということ。↔梅檀は双葉より芳し

爪に火をともす	けちなことのたとえ。
出る杭は打たれる	頭角をあらわす者は人からねたまれ,さしでがましいことをする者は制裁を受けるということ。
長い物には巻かれろ	はじめから勝てないことがわかっている相手には,さからわないほうが安全だということ。
能ある鷹は爪をかくす	力のある人は,むやみにそれをあらわさないことのたとえ。
花より団子	見た目のかっこよさよりも実利になるもののほうがよいことのたとえ。→名をすてて実をとる　→見えをはるより頬ばれ
百聞は一見に如《し》かず	百回聞くより一回みたほうがよくわかること。
覆水《ふくすい》盆に返らず	一度いったりやったりしてしまったことは,もうとり返しがつかないことのたとえ。
墓穴《ぼけつ》を掘る	自分のしたことが原因で失敗すること。
仏（地蔵）の顔も三度	どんなにおだやかな人でも,何度もひどいことをされれば腹を立てることのたとえ。
馬子《まご》にも衣裳	役に立たない間抜けものでも,よい服を着れば,まともにみえること。
待てば海路の日和あり	あせらず気ながに待っていれば好機が訪れること。
水清ければ魚棲まず	あまりに心が清く行いが正しい人はとっつきにくく,敬遠されてしまうことのたとえ。
三つ子の魂百まで	幼いころにつちかわれた性格は,年をとっても変わらないということ。
無理が通れば道理ひっこむ	道理に合わないことがまかりとおると,道理をとなえることすらできなくなること。
李下《りか》に冠《かんむり》を正さず	すももの木の下で帽子をなおすと,すももを盗んでいるようにみられるから,すももの木の下では帽子をなおすなという意。つまり疑われやすいことはするなというたとえ。
良薬は口に苦し	自分のためになるような他人の忠告は,すなおに聞き入れにくいことのたとえ。
渡りに舟	困っている場合に都合のよい条件が与えられること。

毎年必ず出る重要項目 15

英語の基礎構文

anything but ～	～のほかなら何でも，決して～でない
as ～ as …	…と同じくらい～
as ～ as possible =as ～ as 主語 can	できるだけ～，できるかぎり～
as if ～=as though	まるで～であるかのように
as they are=as it stands, etc.	～のとおりに，～のままに
be about to ～	まさに～しようとしている
be going to ～	～しようとしている
be used to ～ing =be accustomed to ～ing	～することに慣れている
be worth ～ing	～する価値がある
but for ～	～がなければ
cannot help ～ing =cannot but ～	～しないではいられない，～するほかない，～せざるをえない
cannot ～ too …	いくら～しても…しすぎることはない
compare A with B	AをBとくらべる
consist in ～	～に存する
consist of ～	～から成り立つ
deprive A of B	AからBを奪う
either A or B	AかBかどちらか
far from ～ing	少しも～でない，～どころではない
feel like ～ing	～したいような気がする
had better ～	～したほうがよい
happen to ～	たまたま～する
have+O+～ed	Oを～させる，Oを～される，Oを～してしまう
have something to do with ～	～と何か関係がある
if I were ～ (if I had been ～)	もし私が～なら，（…であろう） （もし～であったら，（…であっただろう））
if possible	できるなら
in order to ～=so as to ～	～するために
it is no use ～ing	～してもむだだ
it is ～ that …	…なのは～だ（強調構文）
I wish I were ～ (I wish I had been ～)	～であればよいのに （～であったらよかったのに）
keep A from ～ing =prevent A from ～ing	Aに～させない，Aを～することから妨げる

look after 〜	〜に注意する,〜の世話をする
look for 〜	〜を捜す
look to A for B	AにBを期待する,AのBを当てにする
make a point of 〜ing	きまって〜する
make+O+〜ed	Oを〜させるようにする
make one's way	進む,行く
neither A nor B	AもBもどちらもない
no less 〜 than …	…に劣らず〜, …と同じほど〜
no less than+名詞	〜も
no more 〜 than …	〜でないのは…でないのと同じだ
no more than+名詞	〜しか,わずか〜
no sooner 〜 than … =hardly 〜 when …	〜するやいなや…
nothing but 〜	〜にすぎない,ただ〜のみ
not only A but (also) B =B as well as A	AばかりでなくBも
not so much A as B =not A so much as B	Aであるよりは(むしろ)B
provide A with B =provide B for A	A(人)にB(物)を供給する
regard A as B	AをBとみなす
remind A of B	AにBを思い出させる
seem to 〜	〜のようである,〜のように思われる
so(または as) far as 〜	〜するかぎりは,〜まで
so 〜 that …	とても〜なので…, …するほど〜
take A for B	AをBと考える
take (it) for granted that 〜	〜を当然のことと思う,〜を当然のこととして受け入れる
the+比較級〜,the+比較級…	〜すればするほどますます…
too … to 〜	あまりに…なので〜できない
to tell the truth	実をいえば
used to 〜=would 〜	〜したものだ
what about 〜ing	〜はどうですか
what if 〜 ?	〜したらどうだろう,〜でもかまわない
whether A or B	AであろうとBであろうと
would (should) like to 〜	〜したいものだ
would rather A than B	Bするよりは(むしろ)Aしたい

毎年必ず出る重要項目 16

数学の公式集

式の計算

Ⅰ　数の性質（但し，nは整数）

連続する偶数，奇数は$2n$，$2n+1$と表される。
また連続する2整数の積は$n(n+1)$と書き，2の倍数（偶数）である。

Ⅱ　数式の計算

①　四則の混合計算は次に示す㋑，㋺，㋩，㋥の順序にしたがう。
　㋑　括弧のあるときは括弧内を先に計算。多種の括弧が使われているときは，（小括弧），{中括弧}，〔大括弧〕の順で行う。
　㋺　累乗を計算。
　㋩　乗除（×と÷）を計算。
　㋥　加減（＋と－）を計算。
②　符号について　同符号の2数の積や商は正，異符号のときは負。3つ以上の数の積・商は絶対値の積・商に負の符号が偶数個あれば正で，奇数個あれば負になる。また，負の数の偶数乗は正，奇数乗は負となる。
③　分数の計算　帯分数は仮分数に直して計算し，答は必ず約分して既約分数とし，仮分数は帯分数に直す。

Ⅲ　整数の計算

四則計算は要約すると，つぎの5つの法則によってできている。

加法の交換法則　$a+b=b+a$
加法の結合法則　$(a+b)+c=a+(b+c)$
乗法の交換法則　$ab=ba$
乗法の結合法則　$(ab)c=a(bc)$
分配法則　$a(b+c)=ab+ac$

Ⅳ　指数法則（但し，m，nは正の整数）

①　$a^m \times a^n = a^{m+n}$　②　$(a^m)^n = a^{mn}$　③　$(a\mathrm{b})^n = a^n b^n$
④　$a^m \div a^n = \dfrac{a^m}{a^n} = a^{m-n}$　⑤　$a^{-m} = \dfrac{1}{a^m}$　⑥　$a^0 = 1$

Ⅴ　分数式の計算

①　$\dfrac{a}{b} = \dfrac{am}{bm}$　$m \neq 0$　②　$\dfrac{a}{b} + \dfrac{c}{d} = \dfrac{ad+bc}{bd}$

Ⅵ　因数分解

共通因数をみつけ，括弧によってこれをくくり出す。

〔例〕$3x^3 + 6x^2 + 12x = 3x(x^2 + 2x + 4)$

因数分解の公式

① $ma + mb + mc = m(a + b + c)$

② $a^2 + 2ab + b^2 = (a + b)^2$

③ $a^2 - 2ab + b^2 = (a - b)^2$

④ $a^2 - b^2 = (a + b)(a - b)$

⑤ $x^2 + (a + b)x + ab = (x + a)(x + b)$

⑥ $acx^2 + (ad + bc)x + bd = (ax + b)(cx + d)$

⑦ $a^3 + b^3 = (a + b)(a^2 - ab + b^2)$

⑧ $a^3 - b^3 = (a - b)(a^2 + ab + b^2)$

Ⅶ　無理式

平方根の計算公式（但し，$a>0$, $b>0$）

① $(\sqrt{a})^2 = \sqrt{a^2} = a$　　② $\sqrt{a} \times \sqrt{b} = \sqrt{ab}$

③ $a\sqrt{b} = \sqrt{a^2 b}$　　④ $\dfrac{\sqrt{a}}{\sqrt{b}} = \sqrt{\dfrac{a}{b}}$

Ⅷ　分母の有理化（但し，$a>0$, $b>0$）

① $\dfrac{m}{\sqrt{a}} = \dfrac{m\sqrt{a}}{\sqrt{a}\sqrt{a}} = \dfrac{m\sqrt{a}}{a}$

② $\dfrac{m}{\sqrt{a}+\sqrt{b}} = \dfrac{m(\sqrt{a}-\sqrt{b})}{(\sqrt{a}+\sqrt{b})(\sqrt{a}-\sqrt{b})} = \dfrac{m(\sqrt{a}-\sqrt{b})}{a-b}$

一次方程式・一次不等式

Ⅰ　一次方程式

$ax = b$ を計算で解く方法

両辺をaで割って　$a \neq 0$ ならば $x = \dfrac{b}{a}$

$$a = 0 \text{ ならば } \begin{cases} b = 0 \text{ のとき不定} \\ b \neq 0 \text{ のとき不能} \end{cases}$$

Ⅱ　一次不等式

① $a>b$ ならば $a+c>b+c,\ a-c>b-c$

② $a>b$ であるとき　$c>0$ ならば $ac>bc,\ \dfrac{a}{c}>\dfrac{b}{c}$

　　　　　　　　　　$c<0$ ならば $ac<bc,\ \dfrac{a}{c}<\dfrac{b}{c}$

③ $a>b,\ b>c$ ならば $a>c$

④ $a>b,\ c>d$ ならば $a+c>b+d$

⑤ $a>b>0,\ c>d>0$ ならば $ac>bd$　　特に $a>b>0$ ならば $a^2>b^2$

⑥ $0>a>b,\ 0>c>d$ ならば $ac<bd$　　特に $0>a>b$ ならば $a^2<b^2$

⑦ $a^2>b^2$ であるとき　$a,\ b$ がともに正ならば $a>b$

　　　　　　　　　　$a,\ b$ がともに負ならば $a<b$

⑧ 一次不等式の解き方は，一次方程式の解き方に準ずる。ただし両辺を負の数で割るとき，不等号の向きが反対になることに注意する。

関数とグラフ

Ⅰ　一次関数のグラフ

$y=ax$〔原点を通り傾きa〕，$y=ax+b$〔点 $(0,\ b)$ を通り傾きa〕

$a>0$……右上り，$a<0$……右下り，$a=0$……x 軸に平行

Ⅱ　$y=ax^2$ のグラフ

頂点は $(0,\ 0)$ で，対称軸が$x=0$ の放物線。

$a>0$のときは下に凸の放物線，$a<0$ のときは上に凸の放物線

Ⅲ　$y=ax^2+bx+c$ のグラフ

$y=a\left(x+\dfrac{b}{2a}\right)^2-\dfrac{b^2-4ac}{4a}$ と変形されるから

頂点は $\left(-\dfrac{b}{2a},\ -\dfrac{b^2-4ac}{4a}\right)$ で，$x=-\dfrac{b}{2a}$ を対称軸とした放物線

Ⅳ　$y=ax^2+bx+c$ の最大，最小

$a>0$ のとき，$x=-\dfrac{b}{2a}$ で最小 $\left(最小値は\ -\dfrac{b^2-4ac}{4a}\right)$

$a<0$ のとき，$x=-\dfrac{b}{2a}$ で最大 $\left(最大値は\ -\dfrac{b^2-4ac}{4a}\right)$

二次方程式

I $ax^2+bx+c=a(x-\alpha)(x-\beta)=0\ (a\neq 0)$ の解は

$$x=\alpha,\ x=\beta$$

II $ax^2+bx+c=0\ (a\neq 0)$ の解は

$$x=\frac{-b\pm\sqrt{b^2-4ac}}{2a}$$

III 解の判別

$ax^2+bx+c=0$ ($a\neq 0$, a, b, c はともに実数)

判別式 $D=b^2-4ac$ とおけば

① $D>0$ なら，異なる2つの実数解

② $D=0$ なら，1つの実数解（重解）

③ $D<0$ なら，異なる2つの虚数解

実数解をもつための条件 $D\geqq 0$

虚数解をもつための条件 $D<0$

IV 解と係数の関数 $ax^2+bx+c=0$ の2つの解を α β とすれば

$$\alpha+\beta=-\frac{b}{a},\quad \alpha\beta=\frac{c}{a}$$

三角関数

I 三角関数の相互関係

① $\tan\theta=\dfrac{\sin\theta}{\cos\theta}$

② $\sin^2\theta+\cos^2\theta=1$

③ $1+\tan^2\theta=\dfrac{1}{\cos^2\theta}$

II 余角の公式

① $\sin(90^\circ-\theta)=\cos\theta$

② $\cos(90^\circ-\theta)=\sin\theta$

③ $\tan(90^\circ-\theta)=\dfrac{1}{\tan\theta}$

III 補角の公式

① $\sin(180^\circ-\theta)=\sin\theta$

② $\cos(180^\circ-\theta)=-\cos\theta$

③ $\tan(180^\circ-\theta)=-\tan\theta$

Ⅳ　正弦定理

$$\frac{a}{\sin A}=\frac{b}{\sin B}=\frac{c}{\sin C}=2R$$（Rは$\triangle ABC$の外接円の半径）

Ⅴ　余弦定理

$a^2=b^2+c^2-2bc\cos A$
$b^2=c^2+a^2-2ac\cos B$
$c^2=a^2+b^2-2ab\cos C$

Ⅵ　加法定理

①　$\sin(\alpha\pm\beta)=\sin\alpha\cos\beta\pm\cos\alpha\sin\beta$
②　$\cos(\alpha\pm\beta)=\cos\alpha\cos\beta\mp\sin\alpha\sin\beta$
③　$\tan(\alpha\pm\beta)=\dfrac{\tan\alpha\pm\tan\beta}{1\mp\tan\alpha\tan\beta}$

幾何図形

Ⅰ　三角形の三心

①　重心　3つの中線の交点
②　内心　3つの内角の二等分線の交点
③　外心　三辺の垂直二等分線の交点

Ⅱ　合同・相似の条件

	合　　同	相　　似
三角形	三辺が等しい 二辺とその間の角が等しい 一辺とその両端の角が等しい	三辺の比が等しい 二辺の比とその間の角が等しい 二角が等しい

Ⅲ　多角形の性質

①　対角線の数＝$\dfrac{頂点の数\times(頂点の数-3)}{2}$
②　内角の和＝180°　×（頂点の数－2）

Ⅳ　円周角

①　同じ弧に対する円周角は中心角の半分に等しい。
②　同円または等円で等しい弧に対する円周角は等しい（逆も成立）。

Ⅴ　円に内・外接する四辺形の条件

①　円に内接する四辺形の対角の和は180°　をなす（逆も成立）。
②　円に外接する四辺形の対辺の和は互いに等しい（逆も成立）。

Ⅵ　接弦定理

円に内接する三角形の頂点Cが円と接線の接点にあるとき，

∠BCE＝∠BAC

∠ACD＝∠ABC

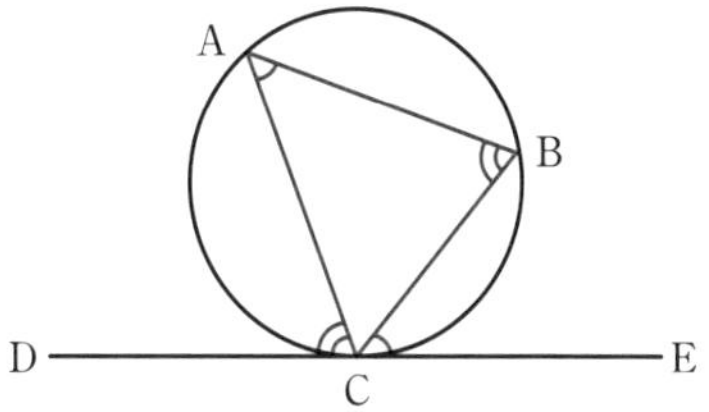

Ⅶ　円と接線

① 円の中心Oから接点に引く線は，接線に対して垂直である。

② 二本の接線の交点をAとすると，線分OAは∠BACと∠BOCをそれぞれ二等分する。

③ △ABOと△ACOは互いに合同である。

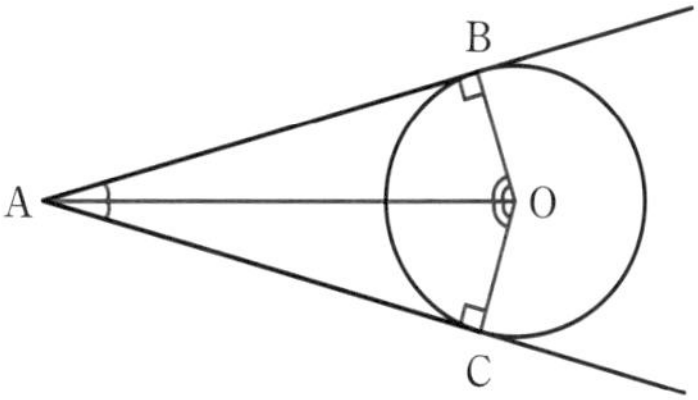

Ⅷ　直角三角形の三平方の定理

$a^2 + b^2 = c^2$

直角三角形の辺の比の例

① AC：AB：BC＝1：2：$\sqrt{3}$

② AC：BC：AB＝1：1：$\sqrt{2}$

③ AC：BC：AB＝3：4：5

④ AC：BC：AB＝5：12：13

①

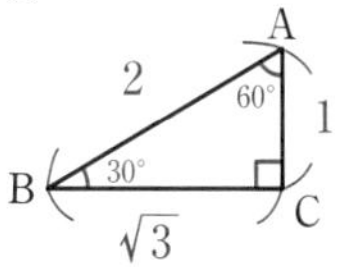

②

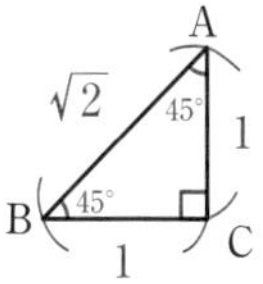

③

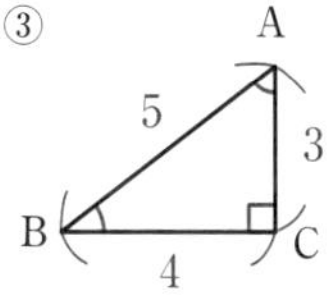

④

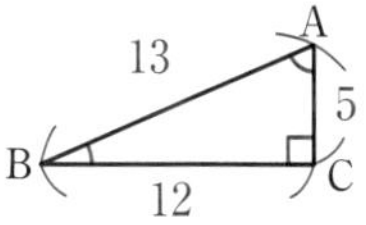

Ⅸ　面積を求める公式

①	三角形	底辺×高さ÷2
②	平行四辺形（長方形）	底辺×高さ
③	台形	（上底＋下底）×高さ÷2
④	ひし形	（対角線×対角線）÷2
⑤	円	半径×半径×π　（π ＝3.14）

Ⅹ　体積を求める公式

①	角柱，円柱	底面積×高さ
②	角すい，円すい	（底面積×高さ）÷3

編著者

上野法律セミナー　うえのほうりつセミナー

東京のJR上野駅前にある公務員試験・就職試験対策を指導する専門機関。数多くの大学と提携し、大学内で試験対策セミナーを実施している。上野駅前教室では業界初の「マンツーマン授業」を行うなど、合格までの手厚いフォローに定評がある。公務員試験では覚えた知識をすぐ問題解法につなげる「アウトプット方式」という授業方式で高合格率を達成している。2021年より、公務員受験者への情報提供サイト「公務員試験ラボ」を配信。全国の受験者へ公務員試験に関する情報を無料で提供している。

〒110-0015　東京都台東区東上野3-18-7　SK上野ビル6階
TEL 03-3831-1223　URL https://www.ueno-semi.com/

代表

澗田雅之　たにだまさゆき

1985年から公務員受験専門学校で受験指導を行い、短期間で合格するためのノウハウを構築。2011年に「株式会社上野法律セミナー」を創立し、講義のほか、講演・学校運営コンサルティングも行っている。

【一般常識執筆者】
澗田雅之、林政宏、西川哲生、山岸美穂

公務員用　一般常識

編著者　上野法律セミナー
発行者　高橋秀雄
発行所　**株式会社 高橋書店**
〒170-6014 東京都豊島区東池袋3-1-1 サンシャイン60 14階
電話　03-5957-7103